FACULTÉ DE DROIT DE PARIS

ÉTUDE

SUR

LE PRIVILÈGE DU BAILLEUR D'IMMEUBLES

DROIT PASSÉ — DROIT PRÉSENT

THÈSE POUR LE DOCTORAT

Par LOUIS PERRIN

AVOCAT A LA COUR D'APPEL DE PARIS

L'acte public sur les matières ci-dessus sera présenté et soutenu le Jeudi 18 Juin 1874, à 2 heures

PRÉSIDENT : M. GIRAUD, professeur, inspecteur général des Facultés de droit

SUFFRAGANTS : MM. COLMET DE SANTERRE, professeur
MACHELARD, id.
DUVERGER, id.
CAUWÈS, agrégé.

LANGRES

IMPRIMERIE ET LIBRAIRIE FIRMIN DANGIEN

3, rue de l'Homme-Sauvage, 3

1874

FACULTÉ DE DROIT DE PARIS

ÉTUDE

SUR

LE PRIVILÈGE DU BAILLEUR D'IMMEUBLES

DROIT PASSÉ — DROIT PRÉSENT

THÈSE POUR LE DOCTORAT

Par LOUIS PERRIN

AVOCAT A LA COUR D'APPEL DE PARIS

L'acte public sur les matières ci-dessus sera présenté et soutenu
le Jeudi 18 Juin 1874, à 2 heures

PRÉSIDENT : M. GIRAUD, professeur, inspecteur général des Facultés de droit

SUFFRAGANTS : MM. COLMET DE SANTERRE, professeur
MACHELARD, id.
DUVERGER, id.
CAUWÈS, agrégé.

LANGRES
IMPRIMERIE ET LIBRAIRIE FIRMIN DANGIEN
3, rue de l'Homme-Sauvage, 3
1874

MEMORIÆ MATRIS

OPTIMOQUE PARENTI

DROIT ROMAIN

INTRODUCTION

Le contrat de louage, à l'occasion duquel est née l'hypothèque, est parmi les contrats, un de ceux que l'état de société a rendu des plus fréquents. Il appartient essentiellement au droit des gens, parce qu'en tous lieux l'homme manquant de certaines choses qui lui sont nécessaires à la vie, est obligé de s'en procurer l'usage, lorsqu'il ne veut les acheter, ou que l'insuffisance de ses ressources ne lui permet point de le faire. Mais, pour que celui qui possède des maisons ou des terres les donne volontiers à loyer ou à ferme, l'action personnelle qui naît du contrat lui-même, ne peut suffire, il lui faut des garanties qui lui assurent les avantages sur lesquels il a pu compter, en abandonnant à autrui la jouissance de sa chose et qui le mettent à l'abri des risques qu'il peut courir par suite de l'insolvabilité possible de son débiteur. Et ces garanties sont d'autant plus nécessaires et équitables que les fermiers et les locataires sont le plus souvent inconnus de ceux à qui ils s'adressent pour louer des terres ou des maisons, et qu'ils trouveraient difficilement des personnes qui voulussent cautionner leur dette, ou hypothéquer leurs biens pour sa sûreté.

Ces garanties existaient déjà dans le droit romain, et se sont perpétuées dans notre droit français. A Rome, elles consistaient dans une hypothèque tacite que le bailleur d'immeubles obtenait de la loi, sur les objets introduits *(invecta aut illata)* dans les fonds, s'il s'agissait d'un fonds urbain, et sur les fruits du fonds, s'il était rustique. Aujourd'hui, comme dans notre droit coutumier, l'hypothèque ayant disparu avec le principe que « les meubles n'ont pas de suite par hypothèque, » le code civil accorde à tout bailleur d'immeubles un privilége sur certains meubles.

Ces garanties assurément n'empêchaient pas le bailleur et ne l'empêchent pas aujourd'hui d'exiger d'autres sûretés, mais seules elles existaient et existent au profit du bailleur, sans qu'il y eût de convention à leur sujet. Ainsi, à Rome, il pouvait incontestablement exiger une hypothèque conventionnelle sur d'autres objets que ceux que frappait l'hypothèque tacite, comme aujourd'hui, en outre de ce privilége, il peut exiger des cautions ou des hypothèques. Mais alors il rentrait dans le droit commun de tous les créanciers qui exigent des sûretés conventionnelles. Nous étudierons seulement ce qui est spécial à l'hypothèque tacite du droit romain et au privilége que notre code civil accorde au bailleur. Il y a du reste, entre ces deux sortes de garanties, une grande analogie, comme nous le verrons par l'étude comparative que nous ferons de ces deux droits, analogie qui n'a point lieu de nous surprendre, puisque l'hypothèque accordée par le droit romain, a été la source du privilége du droit français.

CHAPITRE I.

HISTOIRE ET ORIGINE DE L'HYPOTHÈQUE TACITE DU BAILLEUR D'IMMEUBLES.

A l'origine, lorsqu'un créancier voulait obtenir de son débiteur des sûretés réelles, celui-ci devait lui transférer par la *mancipatio* ou la *cessio in jure*, la propriété même de la chose qu'il voulait lui donner en gage; puis le créancier s'engageait à son tour par la clause de *fiducie*, à retransférer à son débiteur, la propriété qu'il avait reçue, s'il était payé à l'échéance.

Assurément, le créancier avait par ce procédé une garantie complète, mais pour le débiteur il y avait de nombreux inconvénients. Et d'abord, quelque minime que fût la dette, il était obligé de renoncer à la propriété des choses engagées, quelque grande que fût leur valeur. De plus le débiteur avait toujours à craindre l'aliénation par le créancier, de la chose *mancipée* ou *cédée in jure*, car l'action de *fiducie* étant personnelle, il ne pouvait exercer la revendication contre les tiers. Il eût eu dans ce cas, action contre le créancier infidèle à sa parole, mais cette action eût pu devenir inutile par son insolvabilité. La loi avait, il est vrai, paré dans une certaine mesure à cet inconvénient, en permettant au débiteur qui s'était libéré, de recouvrer sa chose par l'usucapion, après une année de possession, et même s'il n'était pas libéré, après le même laps de temps, pourvu qu'il ne fût rentré en possession de sa chose ni à titre de louage, ni à titre de précaire (1). Mais cette usucapion n'étant que rarement possible, ce remède ne pouvait suffire.

Aussi le *pignus* qui probablement remonte à une époque fort ancienne, fut-il un progrès certain. Désormais le débiteur ne sera plus obligé de transférer au créancier, la propriété des choses qu'il voudra engager, mais il lui en remettra simplement la possession munie du secours des interdits *retinendæ aut recuperandæ possessionis causâ*. Toutefois même ainsi constitué, ce *pignus* présentait un danger pour le créancier qui, n'ayant aucune action réelle, pouvait se voir privé de son droit, s'il ne se trouvait pas dans les conditions exigées pour l'exercice des interdits. En outre, pour le débiteur lui-même, bien qu'il eût l'action *pigneratitia* contre le créancier désintéressé pour se faire rendre la possession de sa chose, et la revendication contre les tiers, il y avait cet inconvénient que le gage exigeant la tradition de la chose, il se trouvait ainsi privé de toute l'utilité qu'il aurait pu en retirer, et cela sans profit pour le créancier lui-même, qui ne pouvait se servir de la chose engagée sans commettre un vol : « *Si pignore creditor utatur* dit Gaïus, *furti tenetur*. (2)

Il est vrai que l'on remédiait dans une certaine

(1) Gaïus. Com. II § 59 et 60.

(2) L. 54 pr. Dig. de furtis, XLVII. 2.

mesure aux imperfections du *pignus* au moyen du *precarium* par lequel on concédait au débiteur sur sa demande, l'usage de l'objet engagé, avec réserve pour le concédant de révoquer sa concession à son gré (1). Néanmoins il fallait aller plus loin, et concilier plus directement les intérêts des créanciers avec ceux des débiteurs. On devait arriver à ce but par l'hypothèque. On conservait au débiteur la propriété et la possession des objets affectés à la garantie de sa dette, en même temps que l'on accordait au créancier un droit réel sur ces mêmes objets, de façon à assurer sa créance non-seulement vis-à-vis du débiteur lui-même, mais encore à l'encontre du tiers acquéreur ou des autres créanciers ; et c'est précisément dans les rapports de propriétaires à locataires, que l'on essaya tout d'abord cette conciliation des intérêts du créancier et du débiteur. Voici comment. Le propriétaire d'un fonds rural lorsqu'il l'affermait, obtenait rarement des sûretés réelles pour la garantie du payement des fermages, et il y avait à cela une impossibilité presque matérielle, puisque l'on n'eût pas pu raisonnablement exiger du fermier qu'il se dessaisît des instruments aratoires dont il avait besoin pour la culture de ses terres. Le préteur Servius frappé de cette impossibilité, décida que par un simple pacte et sans qu'il fût nécessaire d'une tradition, le fermier pourrait affecter à la sûreté du bailleur ses meubles et ses instruments aratoires, et il donna au bailleur une action réelle, l'action servienne, qui lui permit d'agir contre les tiers détenteurs des objets engagés. Quant aux fruits

(1) L. 1. pr. Dig. de precario. XLIII. 26.

produits par le fonds, le bailleur n'était censé les abandonner qu'en échange du paiement des fermages convenus et il conservait en conséquence ses droits sur eux, car après tout comme accessoire du fonds ils sont la chose du bailleur avant d'être celle du fermier, ce qui faisait dire à Domat : « Les fruits ne sont pas tant son gage, qu'ils sont sa propre chose jusqu'au paiement »

Ce pacte intervenant dans tous les contrats de baux à ferme, finit par être sous entendu, et ainsi prit naissance l'hypothèque tacite du bailleur d'un fonds rural. Puis, cette innovation fut étendue à des cas analogues. Tout créancier put désormais par une simple convention et sans qu'il fût besoin de tradition obtenir un droit réel sur les biens de son débiteur comme s'ils lui avaient été remis en gage, et à l'imitation de l'action Servienne, il eut l'action quasi-Servienne contre les tiers détenteurs des choses engagées. Alors les propriétaires de biens urbains prirent l'habitude d'exiger de leurs locataires une hypothèque sur les objets mobiliers introduits dans la maison, et comme on avait coutume de la stipuler dans les baux de biens urbains, on finit par la sous-entendre. Ainsi prit naissance l'hypothèque tacite du bailleur de fonds urbains. L'introduction à Rome de cet usage nous est expliqué par Balduinus (*de Pignor. et hyp.* ch. 6) « Il y eut de bonne heure à Rome, dit-il, « une grande quantité de gens peu aisés, qui étaient « obligés de se loger dans les maisons ou plutôt dans « les chambres louées. On les appelait pour ce motif « *cœnacularii.* Or, l'usage était ne ne payer son « terme qu'à l'expiration de l'année aux calendes de

« juillet, et le locataire étant le plus souvent dans
« l'impossibilité de trouver un fidéjusseur solvable
« qui répondît pour lui, n'avait d'autre ressource
« pour décider le propriétaire à lui consentir un bail
« que d'offrir comme sureté le mobilier dont il gar-
« nissait les lieux loués. Cet usage que la présence à
« Rome d'un très-grand nombre d'étrangers rendit
« encore plus nécessaire et plus général devint la
« règle, et comme jamais la défiance prudente du
« propriétaire romain ne consentait à louer sans ce
« pacte relatif à l'engagement des *invecta* et des *illata*,
« on arriva à le supprimer, alors même qu'il n'avait
« pas été joint au contrat de bail. »

Voilà donc comment se constitua cette hypothèque tacite du bailleur d'immeubles. Voyons maintenant à qui elle appartient.

CHAPITRE II.

AU PROFIT DE QUI EXISTE CETTE HYPOTHÈQUE TACITE.

L'hypothèque tacite appartient au *bailleur* de fonds urbains ou ruraux, c'est-à-dire à toute personne, propriétaire, usufruitier, ou simple possesseur de bonne foi de l'immeuble donné à bail. En effet le jurisconsulte Paul dit : « *Item quia conventiones (etiam)* « *tacite valent, placet in urbanis habitationibus lo-* « *candis, invecta illata pignori esse* LOCATORI (1)... » De même, nous trouvons le même mot employé par le jurisconsulte Ulpien dans la loi 11 § 5 Dig. de *pigneratitia actione*. XIII. 7. Toutefois plusieurs lois supposent manifestement que c'est le *propriétaire* lui-même qui donne à bail ses immeubles, c'est ainsi que Pomponius dit : « *in prædiis rusticis fructus qui* « *ibi nascuntur tacite, intelliguntur pignori esse* « DOMINO *fundi locati, etiam si nominatim, id non* « *convenerit.* » (2) Il n'en faut point conclure que c'est le *propriétaire* seul qui a droit à l'hypothèque tacite, et nous maintenons le principe que nous avons émis

(1) L. 4. Dig. de Pactis II. 14.

(2) L. 7. pr. D. In quib caus. pign.... XX. 2 — Voir aussi loi 11 § 5 D. de pignerat. acti. XIII. 7.

au commencement de ce chapitre, mais Pomponius a raisonné dans l'hypothèse qui était à coup sûr la plus fréquente.

Le propriétaire qui donne sa terre à emphytéose a-t-il une hypothèque tacite sur les fruits de cette terre? Cette question est très-controversée. La raison principale de cette controverse, c'est que l'on n'est pas d'accord sur la nature du contrat d'emphytéose, et que les lois sont muettes sur l'existence de l'hypothèque dans ce cas. Toutefois pour bien préciser la question il faut se placer à deux époques. Jusqu'à Zénon le caractère du contrat passé avec les possesseurs *d'agri vectigales* et les emphytéotes semble être un louage, et dans une foule de lois, il est parlé de ces locations. C'est ainsi que Paul (1) parle des *Agri publici, qui in perpetuum locantur*..,. c'est ainsi encore que Gaïus déclare positivement que l'opinion qui a prévalu c'est que ce contrat est un louage (2). C'est ainsi enfin que dans une constitution des empereurs Théodose et Valentinien il est parlé des *locationes conductiones in perpetuum* de certains domaines. (3) Or, dans ces circonstances nous pensons que toutes les règles du contrat de louage auxquelles il n'a pas été dérogé sont applicables à la concession d'un *ager vectigalis*, et à l'emphytéose.

Depuis Zénon la question est plus difficile, car cet empereur déclara (4) que l'emphytéose n'est ni une

(1) L. 11 § 1 Dig. de public. et vectigal. XXXIX. 4.
(2) Com. III. § 145.
(3) L. 5, Code, de locat. præd. civ. XI. 70.
(4) L. 1. Cod. de jure emphyt. IV, 66.

vente ni un louage, sans toutefois préciser le caractère de ce contrat. Pour nous, sans nous prononcer sur cette question, nous dirons que si malgré la constitution de Zénon, on reconnaît à l'emphytéose le caractère d'un louage, il faudra accorder au propriétaire l'hypothèque tacite. Dans ce cas l'hypothèque tacite frapperait les *invecta* et les *illata*, si le bien donné à emphythéose était un fonds urbain, car ces biens pouvaient être concédés à emphythéose. (1)

---

(1) Nov. VII C.3 § 2 — Nov. CXX. c. 1 § 2.

CHAPITRE III.

SUR QUELS BIENS PORTE CETTE HYPOTHÈQUE.

Les objets sur lesquels porte l'hypothèque tacite du bailleur d'immeubles, ne sont pas les mêmes suivant qu'il s'agit de fonds rustiques ou de fonds urbains. S'il s'agit de fonds rustiques les fruits seuls produits par le fonds sont tacitement hypothèqués, s'il s'agit de fonds urbains, l'hypothèque porte sur les objets introduits *(invecta et illata)* dans le fonds. Voilà en résumé le principe qui domine cette matière. Mais, avant d'arriver à exposer plus spécialement quels sont les biens que frappe l'hypothèque tacite, disons tout d'abord, ce qu'il faut entendre par fonds urbains et fonds rustiques.

Il n'est point rare de trouver dans les textes ces épithètes *rusticus, urbanus*, opposés l'un à l'autre. Mais ils n'ont point partout le même sens. Ainsi, s'agit-il de servitudes, on appellera *servitudes de fonds urbain* celles dont l'exercice suppose nécessairement l'existence de constructions quelle que soit leur situation. Toutes autres seront servitudes de fonds rustiques. (1) Ailleurs on trouve défini ce qu'il faut enten-

(1) Inst. de Justinien § de servit. II. 3.

dre par *fonds urbain* et *fonds rustique*, et là (1) Ulpien nous montre que c'est à un autre caractère qu'il faut s'attacher, et que l'on doit considérer comme *prœdia rustica* tous ceux qui sont destinés à produire des fruits naturels : « *Urbana prœdia omnia* « *œdificia accipimus, non solum ea quœ sunt in op-* « *pidis, sed si stabula sunt, vel alia meritoria* « *in villis et in vicis; vel si prœtoria voluptati tan-* « *tum deservientia ; quia urbanum prœdium non* « *locus facit, sed materia. Proinde hortos quoque,* « *si qui sunt in œdificiis constituti dicendum sit* « *urbanorum appellatione contineri. Plane si plu-* « *rimum horti in reditu sunt, vinearii forte vel* « *etiam olitorii, magis hœc non sunt urbana.* » Ce caractère distinctif des *prœdia urbana* et des *prœdia rustica* qui, d'après la remarque de Cujas, est relatif aux biens des mineurs doit-il être transporté ici ? Nous le pensons, et nous disons que toutes les fois qu'un fonds ne sera pas susceptible de produire des fruits naturels, il devra au point de vue de l'hypothèque tacite du bailleur, être considéré comme un *prœdium urbanum* alors même que par sa nature il devrait être rangé parmi les *prœdia rustica* Nous en avons une preuve dans la loi 4. Dig. *in quib. caus. pign....*, (xx. 2). En effet, nous y voyons que Nératius après s'être demandé dans quelle classe il faut ranger les étables séparées des bâtiments et avoir répondu que sans aucun doute elles ne sont pas des fonds urbains, puisqu'elles sont séparées des autres édifices, ajoute que cependant au point de vue de l'hy-

(1) L. 198 Dig., de verb. sign. L. 16.

pothèque elles ne diffèrent pas beaucoup du fonds urbain : « *Quod ad causam, taciti pignoris pertinet, non multum ab urbanis prædiis differunt.* » Ajoutons encore que d'après Ulpien, les héritages qui comme les *stabula*, les *divensoria*, les *areæ* ne produisent point de fruits naturels sont assimilés aux fonds urbains au point de vue de l'hypothèque tacite du bailleur (1). C'est donc, suivant nous, uniquement la question de savoir si le fonds produit ou non des fruits naturels qu'il faut examiner, pour savoir si au point de vue du sujet que nous traitons, ce fonds est *urbanum vel rusticum.* Dès lors, il nous semble peu important, de chercher à propos de l'hypothèque tacite du bailleur d'immeubles, à concilier entre elle la loi 198 *de verb. sig.* (L. 76) dans laquelle Ulpien range les étables parmi les *prædia urbana*, et la loi 4. *in quib. caus. pig.* (xx. 2) où Nératius en fait des *prædia rustica* et à coup sûr nous ne nous arrêterons pas à combattre avec Donneau les auteurs qui ont voulu que le mot *stabula* n'eût pas le même sens dans les deux lois que nous avons citées. Dès lors, toutes les distinctions qui ont été proposées par les auteurs, sur le caractère *rustique* ou *urbain* de tel ou tel fonds nous semble arbitraire, en dehors du signe distinctif que nous avons indiqué.

Maintenant que nous avons défini ce qu'il faut entendre par un *prædium rusticun*, et un *prædium urbanum*, voyons sur quels objets porte l'hypothèque tacite du bailleur dans le cas d'un bail de l'un et de l'autre de ces biens.

(1) L. 3 Dig. in quib. caus. pignus.... xx 2.

SECTION I.

HYPOTHÈQUE TACITE DU BAILLEUR D'UN FONDS RUSTIQUE.

Le principe relatif aux *prædia rustica*, c'est que les fruits seuls produits par le fonds sont frappés de l'hypothèque du bailleur pour la sûreté de ses fermages. « *In prædiis rusticis*, dit Pomponius, *fructus « qui ibi nascuntur, tacite intelliguntur pignori « esse domino fundi locati, etiamsi nominatim id « non convenerit.* » (1) Cette hypothèque s'étend aux fruits naturels ou industriels, la loi ne distingue pas; mais elle ne s'étend qu'à eux, et ne frapperait point en conséquence le fonds que le colon aurait acheté avec le prix des fruits vendus. C'est ce qu'enseigne positivement l'empereur Alexandre : « *Quamvis « fructus pignori datorum prædiorum, etsi id « aperte non sit expressum et ipsi pignori credantur « tacita pactione inesse ; prædia tamen quæ emuntur ex fructuum pretio, ad eamdem causam « venire nulli prudentium placuit* (2). »

Mais si les fruits produits par le fonds étaient seuls frappés de l'hypothèque tacite au profit du bailleur, cela n'empêchait pas le bailleur de pouvoir demander et le fermier concéder une hypothèque tacite sur les objets introduits sur le fonds *(invecta et illata)*, comme supplément de garantie. C'est ce

(1) L. 7, Dig., in quib. caus. pig., xx. 2.

(2) L. 3, Cod. Eod. Tit., VIII. 15.

qui ressort très-clairement d'une phrase du § 3 du titre *de interdictis*, Inst., liv. IV, t. 15, où Justinien dit : *Interdictum quoque quod appellatur Salvianum... eo que utitur dominus fundi de rebus coloni, quas is pro mercedibus fundi pignori futuras pepigisset*. Mais alors il fallait une convention, un pacte exprès. Alors pour tout ce qui concerne l'étendue et les effets de cette hypothèque on suivait les règles que nous exposerons plus loin, quand nous traiterons des fonds urbains, et la convention qui avait établi l'hypothèque.

La loi 5 au Code, *de locato conducto* (IV. 65) semble contredire ce que nous venons d'énoncer. Elle est ainsi conçue : « *Certi juris est, ea quæ voluntate* « *dominorum, coloni in fundum conductum induxe-* « *rint, pignoris jure dominis prædiorum teneri.* « *Quando autem domus locatur non est necessa-* « *ria in rebus inductis vel illatis scientia domini.* » Il paraîtrait résulter de cette loi que, même dans le silence des parties, les choses *illata vel invecta* dans un fonds rustique sont frappées par l'hypothèque tacite du propriétaire, pourvu qu'elles eussent été introduites sur le fonds au vu et su de ce dernier. Il n'en est rien. En effet, dans ce texte, l'empereur Alexandre marque clairement la distinction qu'il veut établir entre les fonds rustiques et les fonds urbains, et quand il dit que les objets introduits sur les fonds par le fermier *voluntate dominorum* sont frappés par l'hypothèque, tandis que pour les maisons, la *scientia domini* n'est pas nécessaire, il est évident que par ces mots : *voluntas, scientia domini,* il veut parler de la convention expresse, nécessaire pour engager les *invecta* ou *illata* sur le fonds rustique, mais toujours sous-entendue pour un fonds urbain. Du reste, le mot *voluntas* se trouve souvent employé dans les textes avec le sens que nous lui attribuons ici. Ainsi dans la loi dernière au Code, *de Novationibus*, VIII, 42, Justinien voulant dire que désormais la novation ne se suppose plus, mais qu'il faut une convention expresse, traduit sa pensée par ces mots : *Generaliter definimus* VOLUNTATE *solum esse, non lege novandum*. Un autre exemple nous est fourni par une loi du titre que nous étudions. Dans cette loi (1), en effet, Marcien nous dit : *item illud videndum est, voluntate domini induci pignus ita posse, ut in partem debiti sit obligatum*, ce qu'il faut traduire ainsi : Il faut remarquer que le gage peut ne garantir qu'une partie de la dette, mais *voluntate domini*, c'est-à-dire, à la condition qu'il en aura été ainsi convenu avec le propriétaire. J'ajoute que l'opinion que nous combattons n'a jamais été consacrée par les jurisconsultes, tels que Paul et Ulpien, qui étaient contemporains de l'empereur Alexandre.

Du reste, on comprend facilement que dans l'intérêt de l'agriculture on n'ait point étendu aux instruments aratoires, et aux autres objets mobiliers introduits dans la ferme, cette hypothèque que la loi accordait sur les fruits.

L'engagement des choses *illata aut invecta* dans la ferme ne pouvait, avons-nous dit, résulter que d'une convention expresse, cette convention ne pou-

(1) L. 5, § 1, Dig., in quibus caus. pig., xx. 2.

vait lier que celui seul qui l'avait faite. Aussi, s'il arrivait que le fermier sous-louât le fonds qu'il avait pris à ferme, le propriétaire n'avait point d'hypothèque tacite sur les choses *invecta* ou *illata* par le nouveau fermier, mais il conservait celle sur les fruits du fonds. C'est ce que dit formellement Paul : *Si colonus locaverit fundum, res posterioris conductoris domino non obligantur ; sed fructus in causa pignoris manet, quemadmodum esset si primus colonus eos percepisset* (1). Quant à la question de savoir, jusqu'à concurrence de quelle somme sont hypothéqués les fruits des fonds sous-loués pour un prix moindre que celui de la location primitive, nous l'étudierons plus loin, en la rapprochant de la décision que nous donnerons pour les fonds urbains.

Nous ne terminerons pas cette section consacrée spécialement à l'hypothèque tacite du bailleur d'un fonds rustique, sans observer qu'elle fut reconnue et appliquée non-seulement à Rome, mais dans toutes les provinces. Il en était autrement de l'hypothèque tacite du bailleur d'un fonds urbain, comme nous le disons dans la suite.

SECTION II.

HYPOTHÈQUE TACITE DU BAILLEUR D'UN FONDS URBAIN.

Pour les fonds urbains, le principe est que le bailleur a hypothèque sur les objets introduits *(invecta et illata)* dans le fonds loué. C'est ce que dit Paul : (2)

(1) L. 24, § 1, Dig., locati conducti. XIX. 2.

(2) L. 4, Dig., de pactis, II. 14.

« *Placet in urbanis habitationibus locandis, invecta et illata pignori esse locatori, etiam si nihil convenerit* », et que confirme Neratius (1), dans ces termes : « *Eo jure utimur, ut quæ in prædia urbana inducta illata sunt, pignori esse credantur quasi id convenerit...* »

Il y avait donc entre les fonds urbains et les fonds rustiques, cette différence que l'hypothèque accordée aux bailleurs de ceux-là, frappait sans convention spéciale, toutes les choses *illata* ou *invecta* sur le fonds, tandis que celle accordée au bailleur de ceux-ci se trouvait restreinte aux fruits même produits par le fonds affermé.

Remarquons tout d'abord ces mots *invecta illata;* nous en tirerons la conséquence qu'il faut que les objets aient été effectivement apportés sur le fonds loué, pour que l'hypothèque existe, et qu'il ne suffit pas que le contrat de louage ait été conclu. C'est ce que dit Gaïus dans la loi 11, § 2, Dig., *qui pot. in pignore* (xx. 4), dont l'hypothèse est celle-ci : Un fermier est convenu que tout ce qui serait amené ou apporté dans le fonds, et tout ce qui y naîtrait, serait engagé pour la garantie du bailleur. Il a hypothéqué à une autre personne un certain objet avant de l'apporter dans les lieux loués ; Gaïus décide dans l'espèce que celui qui a reçu sur la chose une hypothèque spéciale et non conditionnelle sera préféré au bailleur ; car ce n'est point en vertu de la première convention, mais par le fait de leur introduction dans

(1) L. 4. Dig., in quib. caus. pign., xx. 2.

les lieux loués, que les meubles sont affectés au paiement des fermages, or cette introduction a eu lieu postérieurement à la constitution de l'hypothèque spéciale.

Maintenant que faut-il entendre par ces mots *invecta et illata?* Telle est la question qui se présente naturellement la première et qu'il faut étudier. Scévola, dans un texte du Digeste (1), suppose qu'un débiteur est convenu que tout ce qui serait introduit, amené, apporté dans le fonds hypothéqué, et tout ce qui y naîtrait ou y serait fabriqué, serait grevé d'hypothèque. Une partie des terres étant sans fermier, le débiteur l'a donnée à cultiver à l'esclave chargé de la gestion de ses affaires, en lui assignant en même temps les esclaves nécessaires à la culture, et il se demande si Stichus, directeur de l'exploitation, ainsi que les autres esclaves chargés des travaux, et les vicaires de Stichus, sont hypothéqués au créancier, et il répond qu'il n'y a d'obligés que ceux-là seulement que le maître a introduits dans le fonds *ut perpetuo essent* : « *Eos duntaxat, qui hoc animo a domino inducti essent, ut ibi perpetuo essent, non temporis causa accomodarentur, obligatos.* » Scévola semble donc décider qu'il n'y a de soumises à l'hypothèque que les choses qui ont été apportées dans le fonds pour y rester *à perpétuelle demeure,* et Ulpien semble confirmer cette opinion dans une autre loi (2). En effet, dans cette loi, il se demande ce qu'il

(1) L. 32, Dig., de pign. et hyp., xx. 1.

(2) L. 35, § 3, D., de hered. instit., xxviii. 5.

faut entendre par ces mots « *res italicæ* » au cas où un testateur aurait institué quelqu'un *heres rerum italicarum*, et il répond : « *Et facit quidem totum, voluntas defuncti, nam quid senserit spectandum est ; verumtamen hoc intelligendum erit, italicarum rerum significatione eas contineri, quas perpetuo quis ibi habuerit, atque ita disposuit ut perpetuo haberet.* »

Faut-il transporter cette décision dans notre matière, et dire que l'hypothèque du bailleur de fonds urbains ne frappera que les objets mobiliers qui y auraient été apportés à perpétuelle demeure? Nous le croyons malgré que cette solution semble contredite par la loi 7, § 1, (xx. 2) dans laquelle Pomponius dit que parmi les choses *invecta* ou *illata*, celles-là seules seront hypothéquées, *quæ, ut ibi sint illata fuerint*, sans exiger qu'elles y soient *perpetuo*. Suivant nous, une chose sera introduite dans un fonds loué, *ut ibi sit, ut ibi perpetuo sit*, lorsqu'elle y sera introduite à raison de la destination *perpétuelle* du fonds loué. C'est ainsi que nous concilions les lois précitées, et que nous expliquons la loi 3 au Digeste, qui semble confirmer la loi 7, § 1, (xx. 1) en ces termes : *Si horreum fuit conductum, vel diversorium vel area ; tacitam conventionem de invectis illatis etiam in his locum habere putat Neratius ; quod verius est ;* car si l'on dit que le blé, le vin, les denrées, les objets de toute nature que l'on place dans une grange, un grenier, un sellier, etc., ne sont pas destinés à y demeurer *perpetuo ;* nous répondrons que la destination *perpétuelle* d'une grange, d'un grenier ou d'un sellier est de recevoir ces sortes de choses, et que cela suffit pour qu'elles y soient placées, *ut ibi sint, ut perpetuo ibi sint.*

Toutefois, comme il faut que le bailleur ait pu raisonnablement compter sur la chose comme formant son gage, il en résulte que les objets qui ne se trouveraient que fortuitement dans les lieux loués, ne seraient point atteints par l'hypothèque. Si par exemple, dans la crainte des incursions de l'ennemi, ou des voleurs, je fais transporter dans la maison que j'habite à la ville, des instruments que j'avais laissés sur mes terres, ou si j'abrite passagèrement dans ma maison des outils que j'ai achetés pour la culture de mes champs, ces objets ne seront pas grevés de l'hypothèque du bailleur, parce que n'étant point dans la maison, *ut ibi sint, ut perpetuo ibi sint,* ils ne peuvent être considérés comme choses *invecta vel illata.*

Devra-t-on considérer comme *invecta et illata* les marchandises qu'un commerçant aurait introduites dans un magasin loué? Des auteurs ont soutenu la négative en se fondant aussi bien sur la loi 32, Dig., *de pign. et hyp.* (xx. 1) que sur la loi 7, § 1, Dig., *in quibus caus. pig...* (xx. 2). Pour eux, les marchandises étant destinées à être vendues, puis remplacées par d'autres, elles ne sont pas dans les magasins *ut ibi sint, ut perpetuo ibi sint.* De plus, peut-on ajouter dans cette opinion, si les marchandises sont par le seul fait de leur entrée dans le magasin frappées de l'hypothèque, et si cette hypothèque continue à les grever même après leur aliénation et leur sortie des lieux loués, le commerce du débiteur se trouvera paralysé. Cette opinion n'est point la nôtre, et nous pensons au contraire que l'hypothèque du bailleur

frappera les marchandises. Il est inexact de dire d'abord que les marchandises ne sont pas introduites dans le magasin, *ut ibi sint, ut perpetuo ibi sint,* car pour nous la destination *perpétuelle* d'un magasin est de recevoir des marchandises. Sans doute les marchandises ne seront plus *in specie* dans le magasin, mais elles y seront *in genere.* Ensuite quant à l'argument que l'on prétend tirer de l'entrave apportée au commerce, il ne peut sérieusement nous arrêter. Nous y répondrons par ce fragment d'une loi d'Ulpien : (1) « *Si in venditione pignoris consenserit creditor..... dicendum erit pignus liberari,* » et nous dirons qu'en louant un magasin, le bailleur a parfaitement su que les marchandises étaient là pour être vendues, mais qu'il a consenti à la vente parce qu'il savait que son gage n'était pas diminué, et qu'en conséquence l'hypothèque est éteinte. Le gage n'est pas diminué, avons-nous dit, parce que d'autres marchandises auront remplacé celles qui auront disparu, aussi celles-là seules seront atteintes par l'hypothèque tacite, qui se trouveront dans le magasin loué, au jour de la poursuite. Cette solution nous est donnée, du reste, par Scévola : (2) « *Cum tabernam debitor cre-*
« *ditori pignori dederit, quæsitum est utrum eo facto*
« *nihil egerit, an tabernæ appellatione merces quæ*
« *in ea erant obligasse videatur? et si eas merces per*
« *tempora distraxerit, et alias comparaverit, easque*
« *in eam tabernam intulerit, et decesserit, an omnia*

(1) L. 4, § 1, Dig., quib. mod. pig. vel hyp. solv. (xx. 6.)

(2) L. 34, pr. Dig., De pig. et hyp· (xx. 1.)

« *quæ ibi deprehenduntur, creditor hypothecaria* « *actione petere possit, cum et mercium species mu-* « *tatæ sint et res aliæ illatæ? Respondit : ea quæ* « *mortis tempore debitoris in taberna inventa sunt,* « *pignori obligata esse videntur.* » Nous trouvons une solution analogue dans un texte de Marcien (1), qui supposant que l'on a donné un troupeau en gage, décide que le gage porte sur le troupeau tout entier, alors même qu'il aurait été totalement renouvelé.

Il faut nous demander maintenant, si tout objet mobilier introduit dans une maison louée sera frappé de l'hypothèque tacite du bailleur. Quant à ce qui est des meubles meublants le doute ne semble pas possible, car ils sont plus que tous autres introduits dans la maison, *ut ibi sint.* Cependant des auteurs se fondant sur les lois 6 et 7 *Dig. de pign. et hyp.* XX. I, qui disent que dans l'obligation générale de tous les biens que l'on a et que l'on aura, ne sont pas comprises les choses qu'il est vraisemblable que le débiteur n'aurait pas voulu obliger spécialement, *ut puta suppellex vestis... et ex mancipiis, quæ in eo usu habebit, ut certum sit, eum pignori daturum non fuisse... vel quæ in usum quotidianum habentur...* soutiennent que l'hypothèque tacite ne peut être ni plus étendue, ni plus efficace que l'hypothèque expresse, et que dès lors les meubles meublants ne sont point atteints par l'hypothèque tacite. Mais cette opinion ne nous paraît point un seul instant sérieuse, et l'argument que l'on croit tirer des lois 6 et 7. *De*

(1) L. 13, pr. Dig. eod. Tit.

pig. et hyp., ne peut avoir aucune valeur. En effet, dans le cas prévu par ces lois, la solution qu'elles donnent s'explique aisément, car il s'agit d'une hypothèque générale que le débiteur consent sur tous les biens *quas habuit et habiturus sit,* et l'on conçoit que les meubles qui sont d'un usage journalier, et d'une valeur assurément bien peu considérable par rapport aux biens hypothéqués, soient tacitement exclus de la convention faite par les parties elles-mêmes. Quant au propriétaire, il n'en peut être ainsi, les meubles meublants sont introduits chez lui, *ut ibi sint,* ce sont eux surtout qui doivent garnir les maisons, et servir de garantie pour le paiement des loyers; or il serait bizarre qu'ils fussent précisément en dehors de l'hypothèque. S'il en était ainsi, le bailleur ne serait assuré d'être payé qu'à la condition d'exiger une hypothèque expresse, et celle que la loi lui donne resterait à l'état de lettre morte.

Toutefois, nous croyons, contrairement à la majorité des auteurs, qu'il est certains objets mobiliers sur lesquels ne portait pas l'hypothèque tacite, nous voulons parler de l'argent monnayé, de l'or, des pierreries et des bijoux. En effet, on ne peut point dire de ces objets qu'ils sont introduits dans une maison, *ut ibi sint,* et il ne nous paraît point probable, que le bailleur d'un fonds urbain ait pu sérieusement considérer ces objets, comme devant former la garantie du paiement des loyers. Du reste il ne faut point oublier, que c'est par suite de l'usage que le bailleur avait de stipuler l'hypothèque, que l'on a fini par l'accorder sans convention, or il est peu vraisemblable que le bailleur stipulait une hypothèque sur des objets dont il ignorait la plupart du temps l'existence. Au surplus, nous pensons pouvoir citer à l'appui de notre système un texte de Pomponius (1), qui ne comprend pas dans le legs du *suppellex,* l'or, l'argent monnayé, les vêtements : « *Suppellex est domesticum patrisfamiliæ instrumentum, quod neque argento, aurove facto vel vesti adnumeretur.* »

L'hypothèque tacite du propriétaire sur les biens *invecta vel illata,* quelque favorable qu'elle fût, ne pouvait frapper que les biens dont le locataire était propriétaire et capable de disposer, ou tout au moins ceux à l'occasion desquels il eut pû intenter l'action publicienne, s'il en eût perdu la possession (2). Aussi le propriétaire n'avait-il aucun droit sur les objets confiés au locataire artisan pour les réparer. Toutefois, les choses *invecta* ou *illata,* qui n'appartenaient point au locataire, pouvaient être hypothéquées, si leur propriétaire y consentait ou ratifiait l'hypothèque déjà donnée (3). Ce consentement pouvait, à notre avis, être tacite, et nous croyons que le propriétaire de meubles introduits dans les lieux loués devait être considéré comme consentant tacitement à les voir frappés de l'hypothèque, s'il savait qu'ils y étaient introduits. Autrement il eut été pour ainsi dire complice de la fraude du locataire, pour tromper le bailleur. Cette solution nous semble pouvoir résul-

(1) L. 1. Dig., de suppellectili legata, XXXIII. 10.

(2) L. 1. Dig., de pign. et hyp., XX. 1.

(3) L. 16, § 1. Dig. eod. tit.,

ter par analogie de la loi 2 au Code, *si res aliena pignori data sit* (VIII. 16).

Le bailleur d'un fonds urbain avait-il, en cas de sous-location, une hypothèque tacite sur les meubles du sous-locataire? L'affirmative nous semble incontestable, mais avec cette restriction toutefois que les choses *invecta vel illata* du sous-locataire, n'étaient engagées envers le bailleur que jusqu'à concurrence seulement du prix de la sous-location. Ulpien (1) s'exprime clairement à cet égard... *Plane in eam duntaxat summam invecta mea tenebuntur, in quam cœnaculum conduxi...* et la raison qu'en donne le jurisconsulte, c'est qu'il n'est point croyable qu'il ait été convenu par le sous-locataire que son chétif mobilier répondrait du loyer de la maison entière. Puis, il ajoute qu'une convention tacite est censée intervenue à cet égard avec le propriétaire de la maison lui-même, en sorte que ce n'est pas du pacte fait par le locataire principal que profite le propriétaire, mais de celui qu'il a fait lui-même.

Le jurisconsulte Paul semble contredire cette doctrine. Il suppose (2) qu'un fermier sous-loue la ferme qu'il exploitait, et il décide que les objets mobiliers du sous-fermier ne seront point frappés de l'hypothèque, au profit du propriétaire, mais seulement les fruits : « *Si colonus locaverit fundum res posterioris conductoris domino non obligantur; sed fructus in causa pignoris manent, quemadmodum esset si*

(1) L. 11, § 5. Dig., de pigner., act. XIII. 7.

(2) L. 24, § 1. Dig., locati conducti, XIX. 2.

primus colonus eos percepisset. » Mais la contradiction disparaît bientôt, si l'on réfléchit que cette loi s'occupe d'un *prædium rusticum:* or, dans les fonds de cette nature, les fruits seuls étaient frappés par l'hypothèque tacite, et pour que les objets mobiliers introduits par le fermier, fussent engagés au profit du bailleur, il fallait une convention expresse, or, cette convention tacite personnelle, ne liait en aucune façon le sous-fermier. La solution de cette loi s'explique donc aisément pour la différence qui existe entre le gage tacite et le gage exprès.

Le bailleur aura donc hypothèque tacite sur les meubles du sous-locataire, mais il n'aurait point d'hypothèque sur les objets mobiliers introduits dans les lieux loués, par une personne à laquelle le locataire aurait gratuitement accordé le logement. C'est là ce que décide Pomponius, dont Marcien reproduit l'opinion (1)... *Si gratuitam habitationem conductor mihi præstiterit, invecta a me domino insulæ pignori non esse.* » Cette décision se justifie par cette idée que les meubles appartenaient à quelqu'un qui ne devant pas de loyers, n'avait pas dès lors de sûretés à donner. Des commentateurs pour qui la justification que nous reproduisons ici n'était point suffisante, ont pensé qu'il ne fallait point prendre à la lettre le texte de la loi, et que si l'on devait refuser l'hypothèque tacite pour les loyers, puisqu'il n'en est point dû, il fallait au contraire l'accorder pour les dégradations faites aux lieux loués par celui qui les habite

(1) L. 5. Dig. in quibus caus. pign... xx. 2.

gratuitement. Cette distinction nous semble très-arbitraire, et nous la réfuterons par ce simple raisonnement : L'hypothèque tacite garantissant les loyers et les créances de détériorations, ne naît qu'en vertu du bail, or il ne peut y avoir de bail quand il n'est point dû de loyers.

L'hypothèque du locateur sur les *invecta* et *illata* du sous-locataire, est restreinte, avons nous dit, au prix dû pour la sous-location, demandons-nous maintenant s'il en était de même pour l'hypothèque tacite frappant les fruits perçus par le sous-fermier. La question est controversée entre les interprètes. Il semble que l'affirmative ne soit point douteuse, et que les motifs qui expliquent cette restriction quant aux objets mobiliers du sous-locataire, introduits dans un fonds urbains, peuvent également s'appliquer, quant aux fruits perçus par le sous-fermier. Néanmoins la solution contraire nous semble préférable. Ainsi, Seius ayant donné à bail à Titius une terre moyennant un fermage de cent, et Titius ayant sous-loué la même terre à Caïus pour quatre-vingts, les fruits produits par le fonds seront hypothéqués au profit de Seius pour cent, et non pour quatre-vingts. A l'appui de cette décision, on peut invoquer le texte de Paul, que nous avons déjà cité (1), où après avoir rappelé qu'au cas de sous-location d'un fonds rural, les meubles du sous-fermier ne sont point tacitement engagés, ce jurisconsulte ajoute : « *Sed fructus in causa pignoris manent quemadmodum, esset si pri-*

(1) L. 24 § 1 Dig., locati cond., XIX. 2.

mus colonus eos percepisset, » or la loi ne s'exprimerait pas ainsi si les fruits n'étaient hypothéqués que jusqu'à concurrence du prix de la sous-location. A cet argument, Voet en ajoute un autre, tiré par analogie de ce qui se passait à Rome en matière de vente. En effet, le vendeur avait le droit de retenir la chose vendue jusqu'au paiement du prix, et cela, quand même la chose ayant été revendue à un second acheteur, moyennant un prix moindre, celui-ci offrait au premier vendeur resté propriétaire de lui payer ce prix. Car tant qu'il n'était pas payé il restait propriétaire alors même que la chose eût été livrée, à moins qu'il n'eût suivi la foi de l'acheteur (1). Or, n'était-il pas équitable de permettre au propriétaire d'exercer son hypothèque pour être payé intégralement. Enfin on peut considérer, que le locateur reste propriétaire des fruits, jusqu'au moment où ils sont détachés du sol de son consentement exprès ou tacite, car jusque là ils font partie du fonds (2). Or il est peu à présumer que le bailleur ait tacitement autorisé à percevoir les fruits, s'il ne garde sur eux son hypothèque dans son intégrité. Il faut donc décider que contrairement à ce qui avait lieu en matière de sous-location de fonds urbains, l'hypothèque tacite du bailleur s'exerçant sur les fruits perçus par le sous-fermier du fonds rustique, garantissait la totalité du fermage du premier fermier

Les meubles des mineurs étaient frappés aussi par

(1) Inst. de Just. liv. III. tit. I § 41.

(2) LL. 26 et 61 § 8 Dig., de furtis, XLVII. 2. — L. 44. D. de rei vindicatione, VI. I.

l'hypothèque tacite du bailleur, quand leur tuteur ou curateur les avait fait introduire dans la maison louée pour lui. En effet, cette dette de loyers est si avantageuse que la loi la fait rentrer dans la dette d'aliments (1), et sans l'hypothèque, aucun propriétaire n'eût voulu louer sa maison.

En général, il n'y a pas à distinguer si les choses apportées dans les lieux loués ont été hypothéquées tacitement, ou en vertu d'une convention expresse. Cependant Paul (2) signale une différence. « *Est differentia obligatorum propter pensionem, et eorum quœ ex conventione manifestarii pignoris nomine tenentur : quod manumittere mancipia obligata pignori non possumus : inhabitantes autem manumittimus; scilicet antequam pensionis nomine percludamur : tunc enim pignoris nomine retenta mancipia non liberabimus, et derisus Nerva juriconsultus, qui per fenestram monstraverat, servos detentos ob pensionem, liberari posse.* » Cette loi montre clairement que malgré l'hypothèque tacite qui les frappait, les esclaves introduits dans la maison louée, pouvaient être affranchis par le locataire, jusqu'à la saisie, *perclusio* faite par le bailleur. Cette faculté de détruire l'hypothèque du bailleur, avant la *perclusio* était une exception basée sur la faveur de la liberté, comme le prouve la loi 6. xx. 2. Cette saisie, disent les auteurs, avait lieu *statim atque ostium obscuratum est, aut jussio servis facta est ne œdibus disce-*

(1) L. 6. Dig. de alimen. vel. eibar. leg., XXXIV. I.

(2) L. 9. Dig. in quib. caus. pig. XX. 2.

derent, et dès lors, dit Cujas, ce n'était plus un gage tacite, mais réel et corporel, et quasi-manifeste, et pour cela il n'était plus possible au locataire de la maison fermée, d'affranchir les esclaves. Aussi raillait-on Nerva qui soutenait que l'on pouvait affranchir par la fenêtre les esclaves saisis.

Nous avons dit en parlant de l'hypothèque tacite des biens ruraux, qu'elle s'appliquait à Rome et dans les provinces, disons maintenant qu'il en était autrement de l'hypothèque tacite d'un bailleur de fonds urbains. A l'origine, cette hypothèque sur les *invecta vel illata* n'avait lieu que dans la ville de Rome et dans son territoire, plus tard elle fut appliquée à Constantinople, qui était devenu une autre Rome, nous en avons la preuve dans la loi dernière, au Code, *in quib. caus. pign...* VIII. 15, mais elle n'avait pas été étendue aux provinces, et cependant, comme dans la pratique, certains proconsuls l'appliquaient dans les provinces dont ils avaient le gouvernement, Pline le jeune avait demandé à Trajan de l'étendre par un décret à toutes les provinces de l'empire. Voici la lettre (1) qu'à cette occasion il écrivait à cet empereur : *Quid habere juris velis et Bithynas et Ponticas civitates in exigendis pecuniis quœ illis vel ex locationibus... debeantur, rogo domine, rescribas. Ego inveni a plerisque proconsulibus concessam ei* PROTOPRAXIAM *eamque pro lege valuisse. Existimo tamen tuâ providentiâ constituendum aliquid et sanciendum per quod utilitatibus eorum in*

(1) Pline le jeune, livre 10 lettre 109.

perpetuum consulatur. Nam quæ sunt ab aliis instituta, sint licet sapienter indulta, brevia tamen et infirma sunt, nisi illis tua contingat auctoritas. Malgré cela, cette extension de l'hypohèque tacite aux provinces, ne fut pas reconnue par le droit civil avant Justinien. C'est lui qui la proclama : *Sancimus, de invectis a conductore rebus et illatis quæ domino pro pensionibus tacite obligantur, non solum in utrâque Româ, et territorio earum hoc jus locum habere, sed etiam in nostris provinciis* (1).

La raison de la différence qui existait avant Justinien entre le bailleur de fonds urbains et le bailleur de fonds ruraux, se trouve, comme le montre Balduinus, dans cette affluence d'étrangers qui accouraient à Rome, et qu'attirait la gloire de cette ville par excellence. Pour les autres villes au contraire, il y avait peu d'étrangers et dès lors moins de défiance. Quant à ce qui est de l'hypothèque sur les fruits du fonds, en quelques lieux qu'ils fussent situés on devait admettre que le propriétaire conservait sur eux son droit, tant qu'il n'était pas payé de ses fermages, comme conséquence de son droit sur le sol.

---

(1) Loi dernière au code, in quib. caus. pig. VIII. 15.

CHAPITRE IV.

QUELLES CRÉANCES GARANTIT CETTE HYPOTHÈQUE TACITE.

L'hypothèque tacite du bailleur d'immeubles avait pour principal effet d'assurer le paiement des loyers et fermages, puis des autres créances naissant du contrat de louage et pour le paiement desquelles le bailleur avait l'action *locati*. C'est ainsi que Pomponius, dit Marcien (1), l'accorde pour l'indemnité des détériorations que le preneur aurait causées par son fait ou sa faute : *Non solum pro pensionibus, sed et si deteriorem habitationem, fecerit culpa sua inquilinus, quo nomine ex locato cum eo erit actio, invecta et illata pignori erunt obligata.*

En cas de tacite reconduction, l'hypothèque tacite qui en vertu du premier bail, garantisssait le paiement des loyers et fermages continuera de subsister pour la garantie de ceux dûs en vertu de cette tacite reconduction. Cette décision nous est fournie par Ulpien (2). « *Qui impleto tempore conductionis remansit in conductione, non solum reconduxisse videtur, sed etiam, pignora videntur durare obligata.* »

(1) L. 2. Dig. eod. tit. xx. 2.

(2) L. 13 § 11 Dig. locati conducti xix. 2.

Le même principe est confirmé par une constitution des empereurs Valérien et Gallien (1)... *Sin autem tempus in quo locatus fundus fuerat sit exactum, et in eadem locatione conductor permanserit, tacito concensu eamdem locationem una cum vinculo pignoris renovare videtur.*

---

(1) L. 16. au code. locato conducto IV. 65.

CHAPITRE V.

QUELS DROITS CONFÈRE CETTE HYPOTHÈQUE ET COMMENT ILS S'EXERCENT.

L'hypothèque tacite du bailleur d'immeubles, lui confère plusieurs droits, qui sont les mêmes que ceux que donne l'hypothèque conventionnelle à tout créancier hypothécaire, mais dont l'un d'eux s'exerce par un mode spécial que nous étudierons plus loin. Le principal est le droit de faire vendre les choses engagées, afin de se payer sur le prix, dans le cas où il ne serait pas payé complètement à l'échéance (1). Ce droit de vente qui n'existait à l'origine qu'en vertu d'une convention expresse, finit par être donné au créancier sans convention formelle.

Le créancier pouvait opérer lui-même la vente du gage, mais non sans avoir préalablement dénoncé au débiteur, son intention de le faire. Dans l'ancien droit, avant de procéder à la vente, il fallait trois dénonciations; d'après une constitution de Justinien, une seule dénonciation suffit, à moins qu'il n'ait été convenu que le gage ne serait pas vendu, cas auquel les trois sommations sont encore nécessaires. Avant Justinien, la vente avait lieu immédiatement après

(1) L. 4. Dig., de pignor. actio. XIII. 7.

les sommations de payer, mais depuis cet empereur, il devait toujours s'écouler un délai de deux années entre la sommation et la vente. Lorsque les objets étaient mis en vente, le créancier, à défaut d'acheteur, pouvait obtenir la propriété de la chose engagée, grâce à une vente publique, *proscriptio publica*, et dans ce cas le débiteur avait encore pendant une année, le droit de la dégager. Sous Justinien, cette vente publique n'existe plus; le créancier peut faire au débiteur une nouvelle sommation de payer, et si elle reste sans effet, se faire adjuger par le prince la propriété du gage; mais alors le débiteur conserve encore pendant deux ans la faculté de retrait (1).

Il résultait de toutes ces formalités le grave inconvénient de retarder outre mesure la réalisation du gage. Aussi est-il probable, que dans la pratique, les parties la rendaient plus prompte au moyen de conventions spéciales réglant les conditions de la vente.

L'hypothèque donnait au créancier un second droit, le droit de préférence. C'est le droit de se faire payer avant les autres créanciers sur le prix de la chose. Ce droit est très-important lorsque le gage est insuffisant pour désintéresser tous les créanciers, car alors le créancier préféré peut se faire payer intégralement sur le prix de la chose engagée (2), alors même qu'il ne resterait que peu de chose, ou

(1) Pour toutes ces solutions, voir : L. 4. Dig. XIII. 7. — L. 6 et 14. C. VIII. 28. Sent. de Paul, II. 5, § 1. — L. 18. C. VIII. 14. — L. 3. pr. § 1 et 2. Cod, VIII. 34.

(2). L. 20. Dig. qui pot. in pig. XX. 4. — L. 15. § 2 D. de pig. et hyp. XX. 1.

même qu'il ne resterait rien, pour désintéresser les autres créanciers. Le principe, en cette matière, est que le rang de préférence se détermine par la date de l'établissement du gage ou des hypothèques. *Prior tempore, potior jure,* telle est la règle développée au digeste et au Code, aux titres *qui potiores in pignore.* Il est cependant à cette règle des exceptions, et certaines hypothèques prennent rang, non pas d'après la date de leur établissement, mais la faveur de la créance, en sorte qu'elles priment des hypothèques qui sont antérieures à elles. On les appelle hypothèques privilégiées, telles sont notamment : 1° l'hypothèque privilégiée du fisc soit pour les impôts arriérés, soit pour les créances contre le primipile ; 2° l'hypothèque privilégiée de la femme mariée, pour la sûreté de sa dot ; 3° l'hypothèque privilégiée des créanciers qui ont fourni de l'argent, avec lequel le débiteur a *acquis, réparé* ou *conservé* dans son premier état la chose hypothéquée à d'autres créanciers (1).

Enfin signalons, comme se rattachant plus spécialement à notre matière, la loi 14, §1. Dig. *De religios. et sump. funer.* (XI. 7), de laquelle il résulte que les frais funéraires seront prélevés sur le prix des objets apportés dans les lieux loués ou sur les fruits, avant les loyers ou fermages dûs au bailleur.

Nous ne nous arrêterons pas plus longtemps sur ces deux premiers droits que confère l'hypothèque. Mais il en est un troisième qui est pour ainsi dire la

(1) Voir L. 1, Code, IV. 46. — 3. C. XII. 63. — L. 12. C. VIII, 18. — L. 3, § 1 et 7. Dig. qui pot. in pign. XX. 4.

sanction, la mise en œuvre des deux autres, c'est le droit de suite. On peut le définir : Le droit qui appartient à tout créancier ayant une hypothèque, d'agir contre tout détenteur de l'objet engagé, afin de s'en faire remettre la possession et de pouvoir le vendre pour se faire payer sur le prix. Pour exercer ce droit de suite, la législation romaine accordait au bailleur d'un fonds rural l'action Servienne et l'interdit Salvien; et au bailleur d'un fonds urbain comme à tous les créanciers gagistes ou hypothécaires, l'action quasi-Servienne, généralisation de l'action Servienne. Ce sont ces deux modes de faire valoir le droit de suite qu'il nous reste à étudier.

SECTION I.

DE L'ACTION SERVIENNE.

L'action Servienne est une action réelle, établie par le droit prétorien, et donnée au locateur d'un fonds rural, relativement aux choses engagées par le fermier, pour la sûreté des fermages. « *Serviana autem experitur quis de rebus coloni, quæ pignoris jure pro mercedibus fundi ei tenentur* (1). »

Cette action tire son nom de celui de son auteur, le préteur Servius. Mais à quelle époque précise remonte-t-elle, il nous est impossible de le dire, dans l'ignorance où nous sommes de l'époque certaine, à laquelle vécut le préteur Servius. Ce Servius n'est pas le jurisconsulte Servius Sulpicius, contemporain

(1) Inst., liv. IV, t. VI, § 7.

de Cicéron, car Cicéron lui-même, dans son plaidoyer pour Muréna, n° 20, dit que son client, préteur en même temps que Servius Sulpicius, fut chargé de la fonction *juris dicendi,* tandis que celui-ci avait la direction de la *quœstio peculatus, tristis et atrox,* dit l'orateur, *ex altera parte lacrymarum et squaloris, ex altera plena catenarum atque indicum.* De plus Cicéron, dans ses lettres *ad familiares* (1) parle de l'hypothèque comme d'une institution existante. Or, si l'hypothèque, qui n'est que la généralisation du droit accordé d'abord au locateur d'un fonds rural, existait déjà au temps de Cicéron, il faut en tirer la conséquence, que l'action Servienne qui n'était que la sanction de ce droit, existait avant Servius Sulpicius, contemporain de ce grand orateur.

La formule de l'action Servienne ne nous est point parvenue, nous savons qu'elle était *in factum* et *arbitraire.* Elle suppose de la part du créancier, qu'il a un gage valable, gage qu'il veut faire reconnaître et pour l'exercice duquel il demande la possession des choses engagées.

Le défendeur à l'action Servienne est en règle générale, le possesseur, quel qu'il soit, des objets grevés de l'hypothèque, soit le débiteur, soit une personne ayant hypothéqué sa chose pour sûreté de la dette d'autrui, soit un créancier postérieur, soit un tiers.

Le bailleur, pour réussir dans sa demande, doit prouver : sa créance, la possession chez le défendeur, ou l'abandon frauduleux de sa part de la possession ;

(1) Liv. XIII., let. 56.

son droit de préférence s'il agit contre un créancier gagiste ou hypothécaire; et s'il attaque un tiers détenteur, le droit qu'avait le locataire d'engager les objets sur lesquels il poursuit son paiement.

Le défendeur à l'action Servienne, quel qu'il soit, débiteur ou simple détenteur, peut en payant la dette, éviter de restituer le gage et ses accessoires, mais si le défendeur n'exécute pas l'*arbitrium* du juge, par la restitution de la chose engagée ou par le paiement de la dette, il est condamné à une somme déterminée d'après l'intérêt du demandeur. Cette condamnation varie. Si elle est prononcée contre le débiteur, elle ne peut dépasser le montant de la dette; contre un tiers, elle peut s'élever au-delà, mais alors le créancier doit restituer à celui qui a constitué l'hypothèque, ce qu'il a reçu en plus du montant de la créance. (1)

L'action Servienne, avons-nous dit, n'était accordée à l'origine qu'aux bailleurs de fonds rustique, mais plus tard elle fut étendue par le préteur à tous les cas où des sûretés réelles spéciales, étaient accordées aux créanciers expressément ou tacitement. L'action Servienne étendue prit un nom nouveau. On l'appela quasi-Servienne ou hypothécaire. Mais sa nature, son but et son caractère restèrent les mêmes, et dès lors elle resta soumise aux mêmes principes. Tout ce que nous avons dit s'appliquerait donc aux bailleurs de fonds urbains, et comme nous n'avons,

(1) Pour les textes, voir : Inst., liv. IV, t. 6, § 31. — L. 16, §§ 3, 5, 6, et L. 21, § 3, D. XX. 1. — LL. 12 et 14, D. XX. 4. — L. 66, pr. D. XXI. 2. — L. 23, D. XXII. 3. — LL. 2 et 12, § 1, D. XX. 6. — L. 10, C. IV. 24. — L. 19, C. IV. 32.

au point de vue de l'action, rien de spécial aux bailleurs d'immeubles, nous nous bornerons aux principes généraux que nous avons exposés, sans entrer plus avant dans les détails de l'action hypothécaire.

Toutefois, disons en terminant, qu'une Constitution de Théodose le jeune, soumit à la prescription de trente ans, l'action hypothécaire contre les tiers détenteurs, mais contre le débiteur lui-même, l'action resta imprescriptible jusqu'à Justin, qui la soumit à la prescription de quarante ans, de sorte qu'elle dure encore dix ans après l'action personnelle. Enfin, Justinien introduisit, dans l'intérêt du tiers détenteur, le bénéfice de discussion préalable, grâce auquel celui-ci ne peut plus être poursuivi qu'après le débiteur ou sa caution. (1)

SECTION II.

DE L'INTERDIT SALVIEN.

Cet interdit ne s'appliquait qu'aux objets du colon qui se trouvaient engagés au propriétaire, pour le paiement des fermages. Voici, en effet, comment s'exprime Gaïus et après lui Justinien : (2) « *Interdictum quoque quod appellatur Salvianum adipiscendæ possessionis (causa) comparatum est, eoque utitur dominus fundi de rebus coloni, quas is pro mercedibus fundi pignori futuras pepigisset.* »

L'interdit Salvien n'a point été, sous le nom de

(1) L. 7, § 1. Code, VII, 39. — Nov. 4. C. 2.

(2) Gai., com. IV. § 147. — Just. inst. liv. IV. Tit. XV, § 3.

quasi-Salvien, étendu à d'autres personnes qu'aux bailleurs de fonds ruraux. Toutefois cette opinion n'a point été admise par tous les interprètes du droit romain. On a invoqué dans la doctrine contraire à la nôtre, un texte de Paul (1), qui est ainsi conçu : *Salvianum quoque interdictum quod est de pignoribus, ex hoc genere est,* et l'on a conclu de la généralité de ces termes, qu'il existait au profit de tout créancier gagiste ou hypothécaire. Or nous répondons que cette loi n'a point pour but d'établir au profit de quels créanciers existe cet interdit Salvien, mais bien de fixer à quelle classe d'interdit il appartient.

On a invoqué un second texte de Paul, le § 16 du liv. v, tit. 6 de ses Sentences. Il est dit dans ce texte que l'hypothèque générale, constituée sur tous les biens présents et à venir, ne s'applique point à certaines choses, et que relativement à ces choses il n'y a point d'interdit, et l'on a soutenu qu'il s'agissait ici de l'interdit Salvien. Nous répondons d'abord que cette supposition est purement arbitraire, et de plus, qu'il n'est point prouvé qu'il s'agit ici d'une hypothèque stipulée par le bailleur d'un fonds rural.

On a puisé aussi un argument dans une constitution de l'empereur Gordien (2). Cette constitution suppose qu'un créancier n'a point fait remise de son gage, et que le débiteur vend les choses qu'il a engagées, et elle décide que le créancier les poursuivra non par l'interdit Salvien, qui ne peut s'intenter que

(1) L. 2, § 3. Dig., de Interdictis. XLIII. 1.

(2) L. 1, Code, de precario et Salviano interdicto. VIII. 9.

contre le locataire ou le débiteur, mais par l'action Servienne ou par l'action utile créée à son exemple, et qu'il exercera contre l'acheteur. Or, on explique la loi en ce sens qu'il s'agit d'un créancier quelconque ayant une hypothèque, et si, dit-on, l'interdit lui est refusé, c'est parce qu'il veut l'intenter contre un tiers. Nous, au contraire, nous disons que s'il ne peut intenter l'interdit, c'est parce qu'il ne s'agit pas ici d'un bail de biens ruraux, et non pas parce que l'interdit ne s'exercerait point contre un tiers acquéreur, ce qui est inexact, comme nous le dirons plus loin.

Enfin, on a invoqué une constitution des empereurs Sévère et Antonin (1). « Les créanciers, dit-elle, qui, à défaut de paiement et d'après la loi du contrat, se mettent en possession, ne semblent point agir par violence ; cependant ils doivent obtenir la possession du magistrat. » Or, on a soutenu qu'ils l'obtenaient par l'interdit Salvien, et l'on a remarqué que la loi employait d'une façon générale le mot *creditores*, qui désigne tous les créanciers. Nous répondrons simplement que les créanciers, pour obtenir la possession, avaient l'action quasi-Servienne ; en effet, *hæc etsi in rem actio sit, nudam tamen possessionem avocat,* dit la loi 66. XXI. 2, et vraisemblablement la loi précitée parle de l'action Servienne.

Ainsi, aucun des textes que l'on oppose ne peut infirmer la décision que donnent les instituts, et pour nous, il est incontestable que si l'interdit Salvien avait été accordé à tous les créanciers gagistes ou hypothécaires, à l'exemple de l'action quasi-Ser-

(1) L. 3, Code, De pign. et hyp. VIII. 14.

vienne, mention de cette extension eût été faite dans les textes. Ajoutons qu'il est facile d'expliquer pourquoi l'interdit Salvien n'a pas été étendu comme l'action Servienne. Le bailleur de maisons, en effet, avait une garantie suffisante dans la ressource que lui offrait la loi 9. xx. 1. au Dig., c'était de s'opposer à la sortie des meubles constituant son gage, par voie de *perclusio*, c'est-à-dire en fermant les portes de la maison louée. Mais ce procédé était inapplicable aux fonds ruraux. Quant aux autres créanciers, ils étaient en faute de ne s'être pas fait nantir des objets qui devaient former la garantie de leur créance. Il résulte donc de toute cette controverse que l'interdit Salvien n'a pas été étendu. Nous avions à cœur de trancher tout d'abord cette controverse pour établir que cette partie qui nous reste à traiter, rentre bien dans le sujet que nous étudions, puisqu'elle s'applique uniquement au cas d'un bail de fonds rustiques.

L'interdit Salvien tire son nom de celui de son auteur, un préteur nommé Salvius. Mais on ne connaît rien de plus sur ce Salvius. Cujas et d'autres auteurs à sa suite ont soutenu qu'il émanait du jurisconsulte Salvius Julianus, contemporain d'Adrien, mais la loi 1 Dig. *De Salviano interdicto.* XLIII. 33, prouve le contraire. En effet, Julianus, dans cette loi, s'occupe d'un cas où l'interdit Salvien est donné à titre d'interdit utile, or s'il en est ainsi, c'est que la pratique avait démontré l'insuffisance de l'interdit direct et l'on cherchait à y remédier, ce qui suppose que l'interdit Salvien était antérieur à Servius Julianus.

Mais l'interdit Salvien était-il antérieur à l'action Servienne? Nous le croyons, avec M. de Savigny, qui s'appuie sur cette considération que la *Fiducia* et le *Pignus* proprement dits, qui étaient les seuls moyens qu'avaient les créanciers d'obtenir des sûretés réelles de leurs débiteurs, étant sans application dans le bail d'une ferme, le préteur décida que le bailleur, au moyen d'un interdit, se ferait mettre en possession, à défaut de paiement à l'échéance, et ce n'est que plus tard qu'il accorda l'action. Ajoutons que plusieurs interdits *(Quorum bonorum, fraudatorium,* p. ex.) existaient avant les actions qui y correspondent, et qu'il est bien vraisemblable qu'il en ait été de même de l'interdit Salvien. Enfin, il est peu probable qu'après l'extension donnée à l'action Servienne, le préteur eût donné comme dédommagement, pour ainsi dire, aux bailleurs de fonds ruraux, un interdit dont le seul avantage est de lui donner le rôle de défendeur dans les procès qui s'élèveront plus tard. Quoiqu'il en soit de cette question si délicate et sur laquelle, en l'absence de textes, on ne peut se prononcer hardiment, il est certain que l'action Servienne et l'interdit Salvien existèrent simultanément. Cette coexistence semble démontrer qu'il y avait avantage pour un bailleur d'employer l'interdit Salvien, plutôt que l'action Servienne, qui cependant procurait aussi, comme nous l'avons dit, la possession. Toutefois cette question est très-controversée. Pour nous, nous croyons qu'il ne faut voir dans l'interdit Salvien qu'un moyen de faire régler un débat purement possessoire, sans toucher au fonds du droit lui-même. C'est là, la solution donnée par les glossateurs et défendue par Donneau. L'interdit avait donc tous les avantages attachés aux voies possessoires. Le demandeur, pour triompher, devait établir la convention expresse qui engageait les meubles, l'apport de ces meubles, mais l'on n'exigeait pas de lui la preuve que le droit de gage avait été valablement constitué, preuve que devait faire le demandeur dans l'action Servienne.

A l'appui de cette opinion nous pouvons invoquer la loi 1 § 5 Dig., *de migrando* XLIII. 32, et tirer argument de ce que Gaïus et Justinien disent de l'interdit *quorum bonorum*, qui était comme l'interdit Salvien un interdit *adipiscendæ possessionis*. Or, ils indiquent (1) que l'interdit *quorum bonorum* a pour effet la restitution de la possession d'une hérédité pour celui qui la possède *pro herede* ou *pro possessore*, à celui à qui la *bonorum possessio* a été accordée par le préteur, et par conséquent n'a trait qu'à la possession ; donc il en doit être de même de l'interdit Salvien. De plus Paul énumérant les interdits donnés pour acquérir la possession, met sur la même ligne que les interdits *quorum bonorum* et *Salvien*, l'interdit *quo itinere venditor usus est*, or Ulpien dit formellement que cet interdit n'a pour but que de faire acquérir la possession (2). Enfin, citons comme dernier argument, la loi du 2. Dig. XLIII. 33, qui suppose que

(1) Com. IV. § 44. Just. § 3. IV. 15.

(2) L. 2, § 3. Dig. interd., XLIII. 1. — L. 1, § 2, D. de itinere actuque... XLIII. 19.

celui qui a triomphé dans l'interdit peut succomber dans l'action servienne.

Nous avons dit incidemment que l'interdit Salvien, était un interdit *adipiscendæ possessionis*, mais sa formule ne nous étant point parvenue, on se demande s'il était *restitutoire* ou *prohibitoire*. L'intérêt de la question, est un intérêt purement de procédure. « *Et modo cum pœna agitur*, dit Gaïus (1), *modo sine pœna : cum pœnâ, velut cum per sponsionem agitur, sine pœnâ, velut cum arbiter petitur. Et quidem ex prohibitoriis interdictis, semper per sponsionem agi solet, ex restitutoriis vero vel exhibitoriis modo per sponsionem, modo per formulam agitur; quæ arbitraria vocatur*. Nous croyons que l'interdit Salvien doit être compté au nombre des interdits *prohitoires*. D'une part d'abord les interdits qui le précédent au Digeste, l'interdit *Utrubi* et l'interdit de *migrando* sont l'un et l'autre probitoires. D'autre part, la loi 52. § 2. Dig, de *adqui. vel amitt. poss*. XLI. 2. dit qu'une manière de mettre quelqu'un en possession d'une chose, c'est d'empêcher que l'on oppose la violence à son entrée; car on ordonne à l'adversaire de se retirer, et d'abandonner la possession, ce qui vaut bien mieux, que d'ordonner de restituer. Or, il n'est pas vraisemblable que le préteur ait consacré le principe contraire à cette loi, en faisant de l'interdit Salvien, un interdit restitutoire.

L'interdit Salvien est donné au bailleur d'un fonds rural, peu importe qu'il soit propriétaire usufruitier ou simple possesseur de bonne foi de l'immeuble donné à

(1) Com. IV. § 141.

ferme; il lui est donné, dit le texte que nous avons déjà cité pour obtenir la possession des meubles introduits sur le fonds et expressément engagés par le fermier.

L'interdit Salvien, s'applique également aux choses qui sont nées sur le fonds, comme les fruits des choses engagées, le croît des animaux, le part des esclaves. En effet, Julien dit : *Si colonus ancillam in fundo pignoris nomine duxerit et eam vendiderit; quod apud emptorem ex eâ natum est, ejus apprehendi gratia utile interdictum reddi opportet* (1).

L'interdit Salvien s'appliquera-t-il aux fruits du fonds donné à ferme? Nous croyons, qu'il n'y a aucune raison sérieuse, de borner exclusivement l'interdit aux meubles expressément engagés et de ne point l'étendre aux fruits produits par le fonds loué. En effet, il est tout naturel d'accorder à la convention tacite, sur laquelle repose l'engagement des fruits, la même protection qu'à une convention exprès.

Contre qui était accordé l'interdit Salvien? Contre tout possesseur, κατὰ παντὸς κατέχοντος τα τοῦ κολωνοῦ πραγματα, répond Théophile (2), confirmé sur ce point principalement par Julien (3), qui s'exprime ainsi : « *adversus extraneum Salviano interdicto recte experientur.* » Cette décision n'est pas celle de tous les interprètes, et l'on s'est appuyé sur une constitution de l'empereur Gordien (4), que nous avons déjà citée, et qui en parlant de l'interdit Salvien s'exprime ainsi : *id enim tantummodo adversus conductorem, debito-*

(1) L. 1. pr. Dig., de Salviano interdicto. XLIII. 33.

(2) Paraphrase. liv. IV. tit. XV § 3.

(3) L. 1 § 1 Dig. de salv. interd. XLIII. 33.

(4) L. 1. Code, de prec. et salv. interd. VIII. tit. 9.

remve competit, pour soutenir que si à l'origine l'interdit Salvien était donné contre les tiers, il n'en était plus de même dans le dernier état du droit. Mais s'il en eût été ainsi, Théophile contemporain de Justinien n'eût pas été aussi affirmatif en présence de cette constitution de Gordien, qu'il devait connaître.

Dans quel délai devra être intenté l'interdit? Tant que les objets hypothéqués seront entre les mains du fermier, le bailleur pourra intenter l'interdit Salvien, mais s'ils en sortent, il ne pourra se prévaloir de l'interdit, que dans les délais pendant lesquels l'interdit *utrubi* pourrait être invoqué par tout créancier gagiste.

Le bailleur exerçant l'interdit Salvien peut se trouver en face de différents adversaires. Il peut-être d'abord en présence du propriétaire des objets engagés, alors il ne triomphera que si celui-ci ne peut réclamer la possession par l'interdit *utrubi*.

Si le bailleur se trouve en présence d'un créancier hypothécaire, celui-là triomphera toujours, à moins que celui-ci n'ait été mis en possession, et n'y soit resté la plus grande partie de l'année. Dans ce cas alors il resterait au bailleur, la ressource de l'action servienne.

Mais il peut arriver que les meubles apportés par le fermier soient hypothéqués à deux copropriétaires du même fonds, chacun d'eux dans ce cas, pourra-t-il intenter l'interdit? A cette question voici la réponse de Julien (1) : *Si colonus res in fundum duo-*

(1) L. 1, § 1, D., de Salv. interd., XLIII. 33.

rum pignoris nomine intulerit, ita ut utrique in solidum obligata essent singuli adversus extraneum salviano interdicto, recte experientur. Inter ipsos vero si reddatur hoc interdictum possidentis conditio melior erit. At si actum fuerit ut pro partibus res obligaretur, utilis actio et adversus extraneos et inter ipsos dari debebit per quam dimidias partes possessionis singuli adprehendent.

A ce texte il faut joindre une décision d'Ulpien (1), qui vise la même hypothèse. *In Salviano interdicto si in fundum communem, duorum pignora sint ab initio invecta, possessor vincet et erit eis descendendum ad Servianum judicium.*

Il résulte de ces lois, d'abord, que si les *res inductœ* avaient été engagées *in solidum* au profit de deux bailleurs ils pourraient, l'un et l'autre, intenter l'interdit contre les tiers; mais que si le conflit avait lieu entre les deux propriétaires, c'est celui qui serait en possession qui aurait l'avantage. Ce résultat semble peu équitable, mais il ne faut pas oublier que le vaincu, dans le débat soulevé par l'interdit, peut triompher en définitive dans l'exercice de l'action Servienne qui lui est laissée.

Il résulte en second lieu des deux lois citées, que si les *res in fundum inductœ,* n'avaient été engagées au profit de chacun des propriétaires que *pro parte,* ils auraient, l'un et l'autre, non-seulement contre les tiers, mais entre eux, une *action utile* pour se faire mettre en possession de la moitié qui revient à chacun. Cette action utile, c'est l'interdit Salvien.

(1) L. 2, cod. Tit.

Cela résulte de la loi. En effet, deux hypothèses sont faites; l'engagement est-il *in solidum*, le possesseur triomphe, mais est-il *pro parte*, il n'en est plus de même, parce que les droits de chacun des co-propriétaires sont exactement définis par la convention, et alors l'action dont parle la loi, (c'est-à-dire l'interdit, car souvent les interdits sont qualifiés du nom d'actions) (1) est réservée pour moitié par chacun des propriétaires. Ajoutons que les interdits peuvent très-bien s'exercer *pro parte* (2).

Mais ici se présente une objection dont la gravité est incontestable, c'est celle que soulève la loi 10, Dig., de pig. (xx. 1). En effet, Ulpien après avoir dit dans la loi 2 *de Salvia. interd.*, que le possesseur triomphera dans l'interdit, mais qu'il pourra succomber dans l'action Servienne, dit dans cette loi 10 que dans l'action Servienne ce sera aussi le possesseur qui triomphera. Voici du reste le texte : *Si debitor res suas duobus simul pignori obligaverit, ita ut utrique in solidum obligatœ essent, singuli in solidum adversus extraneos* SERVIANA *utentur; inter ipsos autem si quœstio moveatur, possidentis, meliorem esse conditionem.....* Puis dans la suite de la loi, Ulpien donne pour le cas d'un engagement *pro parte*, la même solution que dans la loi 1, § 1, XLIII. 33, et dans les mêmes termes.

Comment expliquer la contradiction entre ces deux lois qui appartiennent au même auteur? Plusieurs

(1) L. 37, Dig., de oblig. et act., XLIV. 7.

(2) L. 1, § 6, Dig., quod legat, XLIII, t. 3. — L. 1, § 7, D., de loc. et itine. pub., XLIII. 7.

systèmes ont été proposés, un seul nous semble sérieusement admissible ; c'est celui qui dans la loi 10 substitue le mot *Salviana* au mot *Serviana;* et alors en même temps que l'on met Ulpien d'accord avec lui-même, on le met d'accord aussi avec Julien dont l'opinion nous est rapportée par la loi 1, § 1, XLIII. 33. Cette harmonie d'abord entre ces trois lois est, pour nous, une preuve puissante du mérite de la restitution proposée. On peut du reste la justifier complètement. En effet, les deux textes, loi 1, § 1, *de Salv. interd.* et loi 10 *de pign. et hyp.* s'occupent de la même hypothèse et les termes employés sont, comme nous l'avons déjà dit, si semblables qu'il est presque certain qu'Ulpien avait, quand il écrivait la loi 10, sous les yeux le livre de Julien, auquel la loi 1 est empruntée, et en remontant à l'origine de la loi 1, on voit qu'elle est tirée du livre XLIX du Digeste de Julien, or, c'est bien dans cette partie qu'il s'occupait des interdits, nous en avons la preuve, dans la loi 19, *de precario* où Julien traite de cet interdit, et qui est aussi tirée du même livre. Donc Julien dans la loi 1, § 1, traitait bien de l'interdit Salvien. Au contraire, la loi 10 *de pig. et hyp.* est extraite du livre LXXIII d'Ulpien, *ad edictum;* or la loi 2, Dig., *de Salv. interd.* est tirée du même livre (comme le montre Cujas, et non du livre LXX, comme l'indiquent certaines éditions), ainsi que la loi 1 *de migrando,* XLIII. 2, ce qui prouve qu'Ulpien traitait des interdits dans ce livre LXXIII. C'est donc bien réellement le mot *Salviano* qu'il faut substituer au mot *Serviana,* et tout s'explique en disant qu'il y a eu une regrettable inadvertance de la part des rédacteurs du Digeste.

DEUXIÈME PARTIE

—

ANCIEN DROIT FRANÇAIS

Notre ancien droit français accordait aussi au bailleur d'immeubles, des garanties spéciales, à l'exemple du droit romain. Mais le droit romain n'avait donné qu'une hypothèque, le droit coutumier alla plus loin, il donna un privilége. C'est à l'étude de ce privilége que nous allons consacrer quelques pages, avant de nous arrêter plus spécialement à la loi qui nous régit actuellement.

Ce privilége appartenait non seulement au propriétaire, mais à tout bailleur. « La coutume, dit Brodeau, en cet art. 161, ne parle que du propriétaire, que la coutume d'Orléans appelle le seigneur d'hostel, d'autres coutumes, le locateur ou le louager, comme étant le cas commun et ordinaire qui n'exclut pas l'usufruitier, le bénéficier, le mary, l'emphytheute, le tuteur et autres personnes semblables, lesquelles ayant droit de bailler à loyer les maisons dont ils jouissent en usufruit ou autrement peuvent par une conséquence nécessaire exercer le droit de la gagerie mobilière comme ferait le vrai seigneur et propriétaire. »

Le privilége, dans le bail d'une maison, portait sur tout ce qui garnissait la maison, dans celui d'une ferme, il frappait non seulement comme en droit romain, les fruits du fonds affermé, mais même les meubles que les fermiers avaient dans la métairie. C'était là du moins la doctrine des coutumes de Paris (1) et d'Orléans (2)

Toutefois la distinction du droit romain entre les fonds urbains et les fonds ruraux, était encore signalée comme existante dans quelques anciens traités. Ainsi, dans une compilation d'un auteur inconnu du xve siècle, la distinction est faite en ces termes : « Si aucun bourgeois ou citoyen d'une cité loue à aucun un sien herbergement ou maison en la cité, les choses estant en la dite maison sont taisiblement obligées pour le loïer selon droit. Et est appelé telle loyer de maisons en cité, *predium urbanum*. Et se ferait exécution sur iceulx biens pour le loïer dessus dit, mais pour le loyer d'un herbergement, ou maison estant hors de cité, comme en villes champêtres ou en villages, les biens meubles ne sont pas obligiez... (3) » Et même au temps de Pothier, quelques coutumes suivaient encore les traditions romaines (4).

(1) Art. 171.

(2) Art. 415 et 416.

(3) Le livre des droits et commandements d'office et de justice, n° 913.

(4) Proced. civ. part. 4 ch. 11, section 11 art. 7 § 2.

Quant aux coutumes muettes, Pothier nous dit qu'un arrêt du 22 novembre 1655 n'avait accordé au bailleur d'une ferme, le privilége que sur les fruits, mais qu'il est probable qu'il n'était pas suivi, car Basnage en son traité des hypothèques atteste que c'est un usage général de la France coutumière, que le locateur de métairie ait ce droit sur les meubles comme sur les fruits (1). » Toutefois de Ferrière, dans son commentaire de l'art. 171 de la coutume de Paris, dit précisément le contraire. « Notre coutume en cela, est contraire et au droit commun, et à la plus grande partie des autres coutumes; c'est pourquoi elle ne doit pas être étendue en ce cas aux autres qui n'en disposent pas, comme il a été jugé par arrêt du 22 nov. 1655. » C'était donc là une des nombreuses questions controversées de l'ancien droit, et qui montraient si bien la nécessité de l'unité de la loi pour tout le territoire.

Le privilége porte sur tous les meubles qui garnissent la maison ou la métairie. « Les meubles, dit Pothier (n° 245 cont. de louage) pour être sujets au droit que la coutume accorde au locateur, doivent exploiter la maison ou la métairie qui a été louée. Quels sont les meubles qui sont censés exploités? Ce sont ceux qui paraissent y être pour y demeurer, ou pour y être consommés, ou pour garnir la maison. »

Il n'est même pas nécessaire que ces meubles appartiennent au locataire. En effet, nous en avons la

(1) Traité de louage. 4e partie ch. I. art. 1. § 1.

preuve dans l'art. 456 de la coutume d'Orléans. Il dit : « Si un créancier, pour le payement de sa debte, autre que *de loyer de maison*, arrérage de rente foncière, fait arrester, prendre ou enlever par exécution, aucun bien meuble qu'il prétend appartenir à son débiteur, et qu'un tiers opposant maintienne les dits biens lui appartenir, il y sera reçu... » Et Pothier fait remarquer en note sous cet article, « que la coutume dit : *autre que de loyers*, parce que les créanciers de ces choses peuvent se venger sur tous les effets qui garnissent l'hôtel ou la métairie, quand même ils n'appartiendraient pas à leur débiteur. » « Autrement, dit-il ailleurs, (contrat de louage, n° 246) ne sachant point à quel titre, mon locataire les tient, et comptant sur les meubles qui garnissaient ma maison, je serais induit en erreur. » On peut dire en ce cas que le propriétaire de ces objets, en consentant à ce qu'ils soient introduits dans la maison, et qu'ils la garnissent, consent tacitement et virtuellement à ce qu'ils soient obligés. Aussi le privilége ne frappait pas les meubles des tiers, quand ce consentement tacite du propriétaire ne pouvait pas être présumé, par exemple s'il s'agissait de meubles placés dans la maison louée, dans le cas d'un dépôt nécessaire, ou s'il s'agissait de meubles volés.

Le privilége ne portait point sur l'argent monnayé qui se trouvait dans la maison, car l'argent n'étant point destiné à rester dans la maison, mais à être dépensé au dehors, on ne pouvait pas dire qu'il la garnît. Il en était de même des créances, car étant par leur nature incorporelles, elles ne sont dans aucun lieu, et ne peuvent être comptées parmi les choses qui sont dans la maison et qui répondent des loyers.

Comme à Rome, le privilége du bailleur portait sur les meubles des sous-locataires. Mais, le bailleur pouvait-il poursuivre sur eux son paiement jusqu'à concurrence seulement du prix de la sous-location, comme à Rome? Sur cette question les coutumes variaient. La coutume de Paris, nous dit Pothier (Cont. de Louage n° 235), suivait le droit romain, et « chaque sous-locataire n'était sujet que jusqu'à concurrence du loyer de la portion de la maison que ce sous-locataire occupe. » Au surplus, voici la disposition de l'art. 162 de la coutume : « S'il y a des sous-locataires, pouvaient être pris leurs biens pour ledit loyer et charge du bail, et néanmoins, leur seront rendus en payant le loyer pour leur occupation. » La coutume d'Orléans, au contraire, accordait privilége pour le tout. Voici comment s'exprimait l'art. 408 : « Le seigneur d'hostel peut faire exécution, comme dessus, sur tous les biens meubles qu'il trouve dans son dit hostel, pour le paiement des loyers qui lui sont deus, encore que celuy sur lequel l'exécution sera faite, ne tinst que partie de la dite maison. »

Quant aux pays où les coutumes ne contiennent point de dispositions à cet égard, Pothier nous dit que l'on suivait le droit romain. C'est aussi ce qu'atteste Bourjon.

Le bailleur pouvait-il exercer son privilége, sur les meubles de l'individu à qui le locataire avait accordé une habitation gratuite? Nous avons résolu négativement la question en droit romain, mais en droit coutumier, nous devons dire que Pothier (1) décidait l'affirmative, en se fondant sur cette idée que le propriétaire a dû compter sur ces meubles, et qu'il faut le protéger contre la fraude des sous-locataires, qui ne manqueraient pas de dire que le locataire leur a donné une habitation gratuite. Mais Basnage n'était point de cet avis, et d'après lui les mêmes meubles n'étaient point frappés par le privilége.

Dans notre ancien droit, le privilége garantissait le paiement des loyers et fermages, des indemnités dues pour dégradations et détériorations, des autres créances résultant du bail, et des avances faites au locataire ou fermier, sans distinguer si ces avances avaient été faites en vertu d'une clause du bail, ou postérieurement au bail.

Examinons maintenant, quelle était l'étendue du privilége du bailleur. Sur ce point la plus grande variété régnait dans les coutumes, et dans l'impossibilité où nous sommes, de consigner leurs différentes dispositions à ce sujet, nous nous arrêterons seulement sur les coutumes de Paris et d'Orléans.

A Orléans, le privilége garantissait le paiement indistinctement de tous les loyers et fermages, et de toutes les obligations résultant du bail, sans distinguer si le bail était par devant notaires, ou s'il était sous signature privée, ou s'il était purement verbal, car ce n'est pas à l'authenticité qu'est attaché le privilége, mais à la nature de l'acte (2).

(1) Cont. de louage, n° 236.

(2) Pothier, cout. d'Orléans, t. XIX ch., art II § 4.

Quant à la coutume de Paris, les commentateurs n'étaient point d'accord; les uns, comme Ferrière, étendaient le privilége à tous les loyers échus, sans distinguer si le bail est authentique ou sous-seing privé, les autres le restreignaient à trois quartiers et le courant pour les maisons, et pour les fermes à une année seulement, cette divergence entre les auteurs provenant du défaut des textes. Quant à la jurisprudence nous pouvons citer celle du Châtelet de Paris. On trouve dans les recueils des actes de notoriété (1), trois de ces actes qui sont relatifs à l'étendue du privilége du locateur. Ils portent les dates du 7 février 1688, 24 mars 1702, 19 septembre 1716 et tous les trois affirment très-positivement la distinction résultant de la nature du bail. Voici du reste le premier de ces actes : « Nous.... certifions et attestons par acte de notoriété, que l'usage qui s'observe au Châtelet de Paris, touchant les loyers des maisons, est différent quand le propriétaire est fondé en bail, ou quand il n'y a point de bail, et que le locataire jouit en conséquence d'une convention verbale, auquel cas le propriétaire de la maison, ou le principal locataire, ne peut avoir la préférence et exercer le privilége qui lui est accordé, que pour les trois termes précédant la saisie et le courant, il doit s'imputer s'il n'a pas fait diligence pour se faire payer; et à l'égard de l'avenir, il est à sa liberté d'expulser son locataire, si après qu'un créancier a fait vendre ses meubles, il ne garnit pas les lieux de

(1) Denizart. Actes de notoriété du Châtelet de Paris. p. 126 et 127.

meubles exploitables pour la sûreté des loyers qui écherront.

« Mais, lorsqu'il y a un bail... le propriétaire est préféré à tous les autres créanciers, pour les sommes qui lui sont dues lors de la saisie, et pour tout ce qui lui sera dû, jusqu'à l'expiration du bail, auquel cas les créanciers peuvent faire leur profit et recevoir les loyers pendant le cours du même bail; ce qui s'observe rigoureusement, fors en deux cas..... »

Et vingt-huit ans plus tard, le Châtelet confirmait ces premiers actes par celui-ci : « Nous..... quant à l'étendue de ce privilége, et pour quelle quantité de loyers il doit avoir son effet, on distingue s'il y a bail pardevant notaire, ou s'il n'y a bail que sous seing-privé, ou même s'il n'y a point de bail; dans les deux derniers cas, le privilége du propriétaire contre les autres créanciers du locataire n'a lieu que pour trois termes échus et le courant.

« Mais, lorsqu'il y a bail passé pardevant notaire, le privilége du propriétaire contre les créanciers du locataire a lieu pour tous les loyers échus et qui doivent échoir pendant le temps pour lequel le bail a été fait... Ce qui a toujours été jugé ainsi au Châtelet en faveur des propriétaires contre les créanciers de leurs locataires, sauf auxdits créanciers à faire leur profit de la maison pendant le temps qui reste à expirer du bail. »

Il résulte donc de ces deux actes que la jurisprudence du Châtelet de Paris établissait une distinction, que bientôt nous verrons reproduite par notre Code civil. Le bail était-il authentique, la préférence s'étendait à tous les loyers dus et à tous ceux à échoir, jusqu'à l'expiration du bail, sauf deux cas (le cas de banqueroute, et celui où dans le bail, il existait une clause résolutoire autorisant le locataire à se départir du contrat), et les créanciers avaient le droit de sous-louer. Mais le bail était-il verbal ou sous-seing privé, alors la préférence ne s'appliquait qu'à trois termes et le courant, c'est-à-dire, à une année. La raison que donne Argout (1) pour justifier cette restriction, c'est d'abord que le propriétaire négligent, qui laisse accumuler plus de trois termes, mérite peu de faveur, et que « si l'on étendait ce privilége à tous les loyers échus durant le cours du bail, cela pourrait donner lieu à une infinité de fraudes. »

Nous rappelons que cette distinction ne doit pas être étendue à d'autres coutumes que celle de Paris et que, dans les autres coutumes, l'étendue du privilége variait. Nous avons exposé l'opinion des commentateurs sur celle d'Orléans. « La raison de la différence entre Orléans et Paris, dit Pothier, peut être que les baux que les particuliers font à Orléans de leur maison, sont tous passés sous signature privée, et que l'on n'a pas cru nécessaire de prendre à Orléans les mêmes précautions, contre les fraudes, qu'à Paris, où elles sont beaucoup plus communes. »

A Orléans, le propriétaire avait deux moyens d'exercer son privilége : la voie de saisie-gagerie et la voie d'action. L'art. 419 de la coutume est relatif à la voie d'action : « Si le locataire, ou autre que le seigneur d'hostel ou de rente foncière, enlevait les biens estans

(1) Argout, institution du droit français.

en l'hôtel baillé à loyer, sans le consentement du locateur, iceluy locateur peut appeler ledit locataire ou celui qui a enlevé lesdits biens, pour les restablir audit hostel, pour seureté de trois termes derniers, si tant il en prétend. Et outre, peut contraindre ledit locataire à garnir ladite maison pour un an à advenir. »

Quant à la voie de saisie-gagerie, les art. 415 et 416 s'en occupent.

Art. 415. « Le seigneur d'hostel ou de rente foncière, peut poursuivre les biens enlevés de son hostel, et iceux par lui, son procureur ou commis, (un sergent appellé), prendre, saisir et enlever par exécution, pour la seureté et payement de ce qui lui est deu pour trois termes échus, et deux à échoir pour garnissement dudit hostel. »

Art. 416. « Et pour le regard des maison, ferme ou pension d'héritages, le seigneur d'iceux peut poursuivre les biens enlevez de son hostel, pour le paiement de trois années écheues, et garnissement d'une année à escheoir. »

Ces trois articles que nous avons cités semblent contredire ce que nous avançons plus haut, à savoir qu'à Orléans le bailleur avait privilége pour toutes les années échues et toutes celles à échoir, mais Pothier explique lui-même sur cette contradiction apparente. « Il est vrai, dit-il (1), que la coutume restreint à trois termes échus et deux à échoir, le droit d'exécuter qu'elle accorde aux seigneurs d'hô-

(1) Contrat de louage, n° 253.

tel et le droit de suite; mais sa décision ne doit pas s'étendre au droit de préférence qui est un droit différent. »

La saisie était possible en quelque endroit et quelques mains que les meubles se trouvassent placés, mais néanmoins s'ils étaient en la possession d'un tiers, ils ne pouvaient être saisis qu'en vertu d'une permission du juge au bas d'une requête.

Quoique la coutume ne parlât point d'un délai dans lequel ces deux moyens d'exercice du privilége dussent être exercés, Pothier nous dit que l'usage l'avait limité à huit jours pour les maisons de la ville, et à quarante jours pour les métairies. Après ce temps expiré, l'hypothèque que le locateur avait sur les effets déplacés, s'évanouissait, soit qu'ils fussent en la possession de tiers, soit qu'ils fussent encore en celle du locataire son débiteur; et le locataire n'était plus recevable à les suivre.

La coutume de Paris mettait à la disposition du locateur diverses manières d'exercer son privilége. Et d'abord, si le bail était fait en forme authentique, le bailleur pouvait en vertu de cet acte authentique, saisir les meubles du locataire. Ajoutons que dans ce cas, il avait une hypothèque générale, sur tous les biens du locataire. De plus, la coutume accordait au bailleur, un certain droit de suite, dans l'article 171.

Art 171 « Toutefois les propriétaires des maisons sises ès villes et faubourgs, et fermes des champs, peuvent suivre les biens de leurs locatifs ou fermiers exécutés, encore qu'ils soient transportés, pour être premiers payés de leurs loyers ou maisons, iceux arrester jusqu'à ce qu'ils soient vendus et délivrés par autorité de justice. » Mais en quoi consiste la faveur accordée au bailleur, c'est ce qu'il faut déterminer. Elle consiste en ce que le bailleur ne sera point exposé à se voir opposer l'art. 178 de la coutume, qui par une application de la règle que les meubles n'ont point de suite par hypothèque, dit que « le créancier qui fait le premier arrêter et saisir valablement ou prendre par exécution aucun meuble appartenant à son débiteur, doit être le premier payé. »

« La préférence du propriétaire cessait, nous dit Ferrière (1), lorsqu'il souffrait que les meubles de son fermier ou de son locataire fussent exécutés, c'est-à-dire saisis et transportés hors la maison, comme faute d'avoir baillé un gardien, par le locataire, et vendus publiquement sans opposition de sa part; comme aussi si le locataire avait vendu ses meubles sans opposition de la part du propriétaire. »

Enfin, l'art. 161 de la coutume de Paris, accordait au bailleur non payé, le droit de procéder pour les loyers non échus, par voie de saisie-gagerie sur les meubles qui se trouvaient dans la maison. « Il est loisible, dit cet article, à un propriétaire d'aucune maison par lui baillée à titre de loyer, faire procéder par voie de gagerie en ladite maison, pour les termes à lui dûs pour le louage, sur les biens étant en icelle. »

Cette saisie se faisait sans déplacement des meubles et sans permission du juge, elle n'exigeait pas

(1) Sur l'art. 171 de la cout. de Paris.

non plus de titre exécutoire. Cette voie de saisie était une simple saisie et arrêt, qui consistait à saisir et à établir un gardien aux dits meubles, pour sûreté de ce qui était dû; mais le locataire ne pouvait les déplacer, ni procéder à la vente sans avoir obtenu une sentence du juge. C'est ainsi que la coutume de Paris différait de la coutume d'Orléans en deux points surtout, savoir : 1° qu'il fallait que les meubles n'eussent pas été déplacés; 2° qu'il fallait une permission du juge pour exécuter, tandis que, à Orléans, la saisie gagerie s'exerçait même sur des meubles enlevés et l'exécution se faisait sans permission du juge.

L'article ne limitant point le nombre des termes de loyers pour lesquels peut être faite la saisie gagerie, on peut penser qu'elle pouvait se faire pour tous ceux qui étaient dûs au seigneur d'hostel, en quelque nombre que ce soit.

L'art. 161 n'accorde la saisie gagerie que pour le paiement des loyers échus, mais il faut l'étendre à toutes les réparations, et charges du bail. Cette extension est autorisée par l'art. 162 qui s'occupe de la saisie gagerie sur les biens du sous-locataire. « S'il y a des sous-locataires, dit cet article, peuvent être pris leurs biens pour le dit loyer et *charge du bail.* »

La saisie gagerie n'étant possible que sur les meubles qui avaient été introduits dans la maison louée, et ces meubles seuls étant frappés par le privilége, le propriétaire, pouvait contraindre le preneur à garnir les lieux loués de meubles suffisants pour répondre du loyer. Et en cas d'insuffisance, un usage du

Châtelet de Paris rapporté par Brodeau (1) voulait qu'un commissaire du quartier fût nommé pour se transporter dans la maison louée, et faire son rapport sur la valeur du mobilier qu'elle renfermait ; et en cas d'insuffisance, le locataire était expulsé.

Il nous reste maintenant à déterminer quel était le rang du bailleur d'immeubles en cas de concours avec d'autres créanciers privilégiés. La classification des priviléges était obscure dans l'ancien droit, aussi nous bornerons-nous à donner la solution de Pothier sur cette classification.

Etaient préférés au seigneur d'hôtel ou de métairie, d'abord la créance des frais de justice qui ont été faits pour la cause commune de tous les créanciers ; puis les frais funéraires *intra justum modum*, c'est-à-dire ceux faits eu égard à la qualité du défunt. Quant à la créance des médecins, chirurgiens et apothicaires, Pothier nous dit qu'il y avait discorde entre Basnage et Duplessis. Celui-ci la mettait après celle du propriétaire, celui-là avant. Les moissonneurs étaient préférés au seigneur de métairie sur les grains qu'ils avaient coupés à la dernière récolte. A Orléans, les valets de labour étaient aussi préférés sur les grains, pour les services rendus pendant les quatre mois courus depuis la saint Jean jusqu'à la Toussaint. Dans certaines provinces on accordait aussi un privilége sur les fruits avant celui du bailleur d'immeubles, aux charrons et maréchaux, pour leurs fournitures de l'année, comme ayant servi à faire valoir la métairie.

(1) Sur l'art. 161, nº 26.

Enfin disons qu'en dehors du droit civil, une créance nous est signalée par Pothier (1) comme étant également préférée à celle du propriétaire. C'est celle pour le recouvrement de la taille, car suivant les règlements pour la taille, déclaration du 22 août 1565, Edit du mois d'août 1869, le seigneur d'hôtel n'était préféré à la taille due par son locataire, que pour six mois de loyer, et le seigneur de métairie à la taille due que pour une année de ferme. Du reste, comme le fait remarquer Pothier, la créance du Roi n'excluait le locateur pour le surplus, que sur les meubles qui appartenaient au locataire ou au fermier.

---

(1) Contrat de louage, n° 255.

TROISIÈME PARTIE.

—

DROIT ACTUEL

Nous avons vu jusqu'à présent, quelles garanties le droit romain avait accordées au bailleur d'immeubles; nous avons étudié son privilége dans notre ancien droit français; il nous reste à nous occuper du droit actuel.

Nous verrons combien de difficultés a soulevées et soulève encore l'art. 2102, et quelle étendue les tribunaux donnaient à ce privilége, étendue si considérable que le législateur, devancé en cela par le législateur Belge (1), a cru devoir intervenir par une loi récente (19 fév. 1872), pour la restreindre. C'est donc un sujet plein d'intérêt que nous allons traiter, puisqu'il a éveillé récemment la sollicitude du législateur français.

Mais avant d'entrer directement dans le commentaire de l'art. 2102, 1°, qui, dans sa première partie,

(1) Voir l'art. 2102, 1°, du Code belge, modifié par la loi du 16 décembre 1851.

consacre le privilége du locateur, donnons ici le texte lui-même.

Art. 2102. « Les créances privilégiées sur certains « meubles, sont :

« 1° Les loyers et fermages des immeubles sur les « fruits de la récolte de l'année, et sur le prix de tout « ce qui garnit la maison louée ou la ferme, et de « tout ce qui sert à l'exploitation de la ferme, savoir, « pour tout ce qui est échu, et pour tout ce qui est à « échoir, si les baux sont authentiques, ou si, étant « sous signature privée, ils ont date certaine; et, « dans ces deux cas, les autres créanciers ont le droit « de relouer la maison ou la ferme pour le restant du « bail, et de faire leur profit des baux ou fermages, à « la charge toutefois de payer au propriétaire tout ce « qui lui serait encore dû;

« Et, à défaut de baux authentiques, ou, lorsqu'é- « tant sous signature privée, ils n'ont pas une date « certaine, pour une année, à partir de l'expiration « de l'année courante;

« Le même privilége a lieu pour les réparations « locatives et pour tout ce qui concerne l'exécution « du bail;

« Néanmoins, les sommes dues pour les semences « ou pour les frais de la récolte de l'année, sont « payées sur le prix de la récolte, et celles dues pour « ustensiles, sur le prix de ces ustensiles, par préfé- « rence au propriétaire, dans l'un et l'autre cas;

« Le propriétaire peut saisir les meubles qui gar- « nissent sa maison ou sa ferme, lorsqu'ils ont été « déplacés sans son consentement, et il conserve sur « eux son privilége, pourvu qu'il eut fait la revendi-

« cation ; savoir, lorsqu'il s'agit du mobilier qui gar-
« nissait une ferme, dans un délai de quarante jours ;
« et dans celui de quinzaine, s'il s'agit de meubles
« garnissant une maison. »

Plus loin, nous donnerons le texte de la loi du 19 février 1872, dont nous aurons à nous occuper spécialement.

Et maintenant, entrons dans l'étude détaillée des dispositions dont nous venons de reproduire le texte.

CHAPITRE I.

AU PROFIT DE QUI EXISTE LE PRIVILÉGE DU BAILLEUR D'IMMEUBLES.

L'idée générale est que le privilége existe au profit de tout bailleur d'immeubles.

Si l'on prenait à la lettre les termes de l'art. 2102, n° 1, on pourrait croire que le bailleur n'a privilége qu'à la condition d'être propriétaire de l'immeuble. Mais il n'en est rien, les motifs qui ont fait admettre ce privilége, veulent qu'on l'étende à tout locateur d'immeubles. C'est ainsi alors qu'il faudra l'accorder à l'usufruitier qui, conformément à l'art. 595 du Code, aura donné à ferme les immeubles compris dans son usufruit. Nous en dirons autant du locataire qui sous-loue l'immeuble qui lui a été loué (1717). Sur ce point, les auteurs ont toujours été d'accord. Une controverse s'est élevée au sujet du bail à colonage, et l'on s'est demandé si le propriétaire d'un fonds affermé par bail à colonage peut se prévaloir de la disposition de l'art. 2102, 1°. Ce qui fait la difficulté dans ce cas, c'est que les auteurs ne sont point d'accord sur la nature du contrat de colonage partiaire. M. Troplong (1) y voit une société; son opinion se

(1) Traité du louage, t. II, n° 239.

fonde sur l'art. 1709 qui définit le louage : « Un contrat par lequel l'une des parties s'oblige à faire jouir l'autre d'une chose pendant un certain temps, et *moyennant un certain prix* que celle-ci s'oblige de lui payer, » et de cette définition, il tire argument pour soutenir que dans le colonage partiaire il ne peut y avoir de privilége, puisqu'il n'y a point de *prix*. Mais d'autres auteurs, rejetant ce système, accordent au propriétaire de fonds le privilége de l'art. 2102. Ils s'appuient d'abord sur le motif qui l'a fait établir. Quel est-il? C'est qu'en louant sa chose pour une destination déterminée, le bailleur a dû compter, pour son paiement, sur la récolte et les fruits qui proviennent de l'immeuble loué, comme aussi sur les objets mobiliers qui le garnissent. Or, cette raison existe pour le bail à colonage partiaire. Mais de plus, tout dans la loi confirme cette solution, et d'abord, la section 3, ch. 2, t. 8, liv. 3, Code civil, est intitulée : « Des baux à ferme; » de plus, les art. 1763 et 1764 qui font partie de cette section et qui parlent du colonage partiaire, imitant en cela Pothier, donnent à ce contrat la dénomination du bail, et au colon, celle de preneur; enfin la loi du 25 mai 1838 sur les justices de paix lève tous les doutes dans son article 3, qui consacre le droit du propriétaire d'opérer une saisie-gagerie contre son colon partiaire, or la saisie-gagerie a pour but d'assurer l'exécution du privilége du locateur. Il faut donc voir dans le colonage partiaire un louage et non une société, et lui appliquer l'art. 2102, 1°, même pour les redevances en nature dues par le métayer. Au reste, d'après l'art. 1767, C. civil, tout preneur est obligé d'engranger dans les lieux à ce destinés d'après le bail, et cela sans qu'il y ait lieu de distinguer suivant que le prix de location est une somme d'argent ou une portion de fruits; or, cette obligation a pour but de permettre au propriétaire d'exercer son privilége.

Dans le pays où le métayage s'est conservé, il est d'usage d'introduire dans les baux une clause par laquelle le métayer s'engage à payer annuellement une certaine somme pour son logement, sa part d'impôts, et d'autres charges. Dans ce cas, il n'y aurait pas de difficulté à admettre, dans l'une ou l'autre opinion, le privilége de l'art. 2102 pour le paiement de cette somme.

Pour que le privilége puisse être exercé, il n'est pas nécessaire qu'il le soit par le bailleur lui-même, il peut l'être par tous ceux à qui il aurait cédé son droit. Ainsi, un propriétaire qui a loué plusieurs parties d'un grand domaine, en afferme ensuite la totalité en cédant au preneur tous ses droits contre les fermiers des diverses fractions, il ne pourra plus, pour se faire payer le montant de ses fermages, faire saisir au préjudice du preneur les fruits récoltés; ces fruits sont affectés par privilége au preneur.

Si celui qui était locateur a cessé de l'être, le privilége pourra-t-il être exercé par lui à l'effet de se faire payer les loyers échus pendant qu'il était locateur? En d'autres termes, l'ancien propriétaire à qui des loyers sont dus, peut-il faire saisir les meubles de son ex-locataire, malgré les droits du nouveau locateur? La Cour de Caen (Journal du palais 1853-1-482) a jugé que le vendeur d'un domaine loué, à qui des loyers restent dus, ne perd point par le fait de la vente son droit de privilége ni de saisie-gagerie.

La Cour fonde son arrêt sur cette idée que le privilége pour loyers est inhérent à la qualité de la créance. Cela est incontestable, mais d'un autre côté il repose aussi sur l'idée de gage, or le privilége doit cesser dès que les objets ont cessé d'être son gage pour devenir celui du nouveau propriétaire. Aussi l'art. 819 du Code de procédure civile, n'accorde-t-il la saisie gagerie qu'au propriétaire ou principal locataire actuel. C'est dans ce dernier sens que s'est prononcée la cour d'Orléans (1). Toutefois dans l'acte de vente il pourrait être déclaré, que le vendeur se réserve son privilége de bailleur, et alors, cette clause produirait son effet entre les parties, en ce sens que le premier propriétaire conserverait le droit d'être payé sur le prix des meubles vendus, il n'aurait pas pour cela le droit de procéder à une saisie-gagerie.

Si la saisie-gagerie était antérieure à l'aliénation, l'ancien propriétaire conserverait le droit d'y donner suite, et de faire procéder à la vente des objets saisis pour que le privilége qu'il a mis en mouvement en temps utile produise tous ses effets ; car il n'existe aucune disposition de loi qui prononce la péremption ou la nullité d'une saisie-gagerie à défaut de poursuites sur ladite saisie dans un temps déterminé.

En résumé, tout locateur d'immeubles a droit au privilége. Par *à contrario,* le locateur de meubles n'y saurait prétendre.

(1) 23 nov. 1838, Dal. 1839-2-63.

CHAPITRE II.

QUELS SONT LES OBJETS QUE FRAPPE LE PRIVILÉGE DU LOCATEUR.

Aux termes de l'art. 2102, 1°, le privilége porte :

1° Sur les fruits et récoltes de l'année ; 2° sur le prix des objets mobiliers qui garnissent la maison ou la ferme ; 3° sur le prix des objets mobiliers qui servent à l'exploitation de la ferme.

Les objets sur lesquels porte le privilége varient, d'après la loi, suivant qu'il s'agit d'une maison ou d'une ferme ; nous examinerons donc séparément ces deux cas.

I. *Bail d'une ferme.* — Dans ce cas, le privilége porte sur les trois classes d'objets mobiliers que nous avons énumérées, c'est-à-dire les fruits et récoltes de l'année, le prix du mobilier garnissant la ferme, et le prix de celui qui sert à son exploitation. Il n'en sera toutefois ainsi qu'autant que le bail comprendrait des terres avec une maison d'habitation, ou d'exploitation. Que s'il n'y avait pas de corps de logis, le privilége ne pourrait porter que sur les fruits et récoltes de l'année. Nous disons cela parce que des auteurs considérables, MM. Aubry et Rau, ont écrit (1) que le mot *Ferme* employé dans 2102 se trouve

(1) T. 3. p. 140, note 12, quatrième édition.

restreint aux bâtiments par le terme *maison* qui le précède immédiatement. Nous ne partageons pas cette opinion. Le mot *ferme* désigne tout héritage (1711 c. civil) et non point seulement les domaines ruraux sur lesquels se trouve une habitation. L'art. 819 est au point de vue de sa généralité en concordance parfaite avec les art. 1709, 1711, 1713 et 2102. Il donne le droit de saisir-gager les effets qui se trouvent sur les terres sans ajouter que cette faculté est restreinte aux terres dépendantes d'un bâtiment rural. Ainsi, le rapprochement du terme *maison* et du mot *ferme* dans l'art. 2102 ne peut avoir la portée que l'on voudrait lui donner et il s'explique très-facilement par les mots qui les précèdent tous deux « tout ce qui garnit la maison ou la ferme » mots qui ne peuvent s'appliquer qu'à des bâtiments.

En tant qu'il porte sur la récolte de l'année, le privilége du locateur a pour fondement la faveur que mérite le créancier; car c'est sa chose qui l'a produite, qui l'a mise dans le patrimoine du fermier.

En tant qu'il porte sur les meubles qui garnissent la ferme, il se fonde sur l'idée de nantissement.

Etudions séparément chacune des trois classes d'objets sur lesquels porte le privilége.

A. Le privilége porte sur les fruits et récoltes de l'année. Ces fruits peuvent être soit naturels, soit industriels, soit civils. Le privilége porte sur les fruits naturels ou industriels et les récoltes de l'année, qu'ils soient pendants par branches ou par racines ou qu'ils aient été détachés du sol. L'art. 520 du Code civil qui déclare immeubles les fruits non détachés pourrait sembler combattre cette solution, mais il n'en est rien ; dès que les fruits sont détachés du sol, il deviennent meubles (521), de plus c'est par voie de saisie mobilière que l'on procède à la saisie des fruits pendants (art. 626 cod. pr. civ.) et l'art. 635 au lieu d'ordonner que le prix de leur vente sera distribué entre les créanciers hypothécaires, dispose qu'il sera distribué par contribution.

Parmi les fruits et récoltes de l'année, il faudrait aussi comprendre les vins, quoique les fruits soient les raisins, et que la confection des vins ne puisse avoir lieu que par des procédés industriels. En effet, le fruit ne se conservant pas sous la forme naturelle, et étant destiné à être immédiatement transformé en vin, c'est plutôt le vin qui est la récolte que le raisin lui-même.

Le privilége porterait non seulement sur les fruits naturels ou industriels, mais aussi sur les fruits civils comme nous venons de le dire. Ainsi par ex : j'ai loué à Primus une ferme qu'il a sous-louée à Secundus, mais sans me payer le prix de ma location ; je pourrai en cas de saisie arrêt, faite entre les mains du sous-fermier par d'autres créanciers, former opposition à l'effet d'être privilégié, mais seulement sur le loyer de l'année, et cela est tellement vrai, qu'en cas de non paiement de la part du locataire principal, le locateur peut saisir les meubles du sous-locataire à l'effet de se faire payer par privilége de ce qui peut lui être dû par son locataire (1753. cod. civ. et 820 cod. proc.) (1).

Les fruits par leur nature sont destinés à être ven-

(1) Voir en ce sens : Persil, traité du régime hypothécaire, p. 82.

dus pour le paiement des fermages; or, on peut se demander si l'exercice du privilége rendra impossible la vente, en ce sens que le privilége subsisterait même après elle. Pour résoudre cette question, plusieurs distinctions peuvent être faites. Il peut arriver d'abord que les fruits vendus n'aient pas encore été livrés; dans ce cas, que la vente ait ou non date certaine antérieurement à la saisie faite par le locateur, le privilége pourra être exercé; parce que ce privilége se reposant sur l'idée de gage, tant que le locateur est nanti des fruits, ils garantissent le paiement des loyers. Que si les fruits ont été livrés à l'acquéreur et que le propriétaire n'ait pas exercé la revendication dans le délai légal, le locateur ne pourra plus exercer son privilége. L'acheteur qui ne peut savoir si son vendeur a ou non payé son fermage invoquerait l'art. 2279, « en fait de meubles possession vaut titre. » Cette doctrine était celle de Domat : « Ce privilége, disait ce jurisconsulte (1), doit « s'entendre suivant notre usage à l'égard des fruits « qui sont ou pendants ou encore en la possession du « débiteur; car s'il les a vendus et livrés à un acheteur de bonne foi, ils ne peuvent pas être revendiqués entre ses mains. Ainsi celui qui, dans un « marché, achète des bleds d'un fermier, ne pourra « être recherché par le propriétaire du fonds d'où est « venu ce bled, pour le paiement du prix de la ferme, « car celui-ci a dû veiller à son paiement. » Mais si le prix n'a pas été payé par l'acquéreur, le locateur

(1) Lois civiles, des gâges et hyp. liv. III. t. 1, sect. 5, n° 16.

pourra-t-il exercer son privilége sur le prix? Non, par ce seul fait de la translation matérielle de l'ancien propriétaire au nouveau, le privilége disparaît. Le prix d'aliénation représente sans doute la chose vendue, mais affranchie et non plus chargée du privilége. Le locataire déchu de son droit sur la chose, a par là même perdu son droit de collocation par préférence sur le prix, le second de ces droits n'étant que le complément et la fin du premier.

L'art. 2102 limite le privilége du bailleur aux fruits de la récolte de l'année. Dans l'ancien droit, on ne distinguait pas entre les récoltes de l'année et les récoltes antérieures. Mais aujourd'hui, les récoltes des années antérieures, en tant qu'elles seraient engrangées dans les bâtiments de la ferme, seraient considérées comme garnissant la ferme, et seraient à ce titre affectées au privilége. En effet, l'art 819 du Cod. de procédure civ. qui permet au propriétaire de saisir gager les fruits qui se trouvent dans la ferme, ne distingue pas entre les fruits de l'année et ceux des récoltes précédentes, et dispose simplement que les « propriétaires et principaux locataires de biens ruraux... peuvent... faire saisir gager pour fermages échus, les fruits et les effets étant dans ladite ferme. »

M. Leclercq (1) a soutenu l'opinion contraire. Mais cette solution ne serait pas aussi avantageuse pour le fermier qu'elle semble l'être tout d'abord; car elle aurait pour résultat d'obliger le propriétaire à exiger

(1) Droit romain dans ses rapports avec le droit français, tome 7 p. 209.

rigoureusement le paiement des fermages, et peut-être le preneur serait-il obligé de les vendre à des conditions très-défavorables.

Mais pourquoi la loi borne-t-elle à la récolte de l'année le privilége accordé au locateur sur les fruits? C'est que les récoltes se consomment ordinairement dans l'année, soit que le fermier en ait besoin pour sa subsistance personnelle, soit qu'il les vende pour payer ses fermages, soit qu'il ne puisse amonceler dans ses greniers les récoltes de plusieurs années successives. Enfin, on peut ajouter qu'après une année, la preuve de l'identité des fruits serait souvent très-difficile.

Pour la récolte de l'année et les récoltes antérieures, voici donc la différence. Si la récolte de l'année ne se trouve pas dans les bâtiments de la ferme, le privilége ne la frappera pas moins ; parce qu'il repose non sur l'idée de nantissement, mais sur cette considération, que c'est la chose du propriétaire qui a produit les fruits; que s'il s'agit au contraire des récoltes des années antérieures, le privilége ne les atteindra qu'autant qu'elles seront dans les lieux loués.

Comme le privilége porte sur les fruits de la récolte de l'année, alors même qu'elles ne sont point engrangées dans les bâtiments de la ferme, on pourrait être tenté de croire que le bailleur n'a point d'intérêt à faire engranger dans les lieux à ce destinés. Ce serait une grave erreur. En effet, pour pouvoir exercer son privilége, il faudra que le bailleur prouve que les récoltes sont bien de l'année et cette preuve pourra être délicate. De plus, dès que l'année est écoulée, le privilége est perdu, tandis qu'il subsisterait si elles étaient dans les lieux loués. Enfin le privilége serait encore perdu, si les récoltes étaient placées par les locataires, dans des bâtiments appartenant à un propriétaire, autre que le bailleur des immeubles; car il serait nanti, à moins qu'il n'ait eu connaissance, par une signification intervenue à temps ou de tout autre manière, que les récoltes étaient déjà grevées d'un privilége.

Il pourrait encore arriver que cette notification fût sans utilité si, par exemple, les bâtiments de la ferme étant insuffisants pour engranger la récolte, le nouveau locateur des locaux supplémentaires pouvait, d'après les circonstances de fait, être considéré comme ayant conservé, en l'abritant, le gage du propriétaire. En effet, dans cette hypothèse, il est tout naturel qu'il soit préféré sur ces récoltes qui, sans lui, eussent peut-être péri.

B. Le privilége porte en second lieu sur les objets mobiliers qui garnissent la ferme. Ces objets seront d'abord les récoltes et les fruits de plus d'une année, comme nous l'avons dit plus haut; puis les autres meubles. Pour ceux-ci, nous renvoyons à ce que nous dirons sur les locations de maisons. Ce privilége ne portera sur ces objets, comme nous l'avons également déjà dit, qu'autant que le bail comprendra des bâtiments d'exploitation ou d'habitation; car on ne peut dire d'un terrain vague ou d'un champ que des objets mobiliers le garnissent. Ainsi est-ce à tort que la Cour d'Aix (1) a accordé au bailleur d'un

(1) 30 mars 1865. sir. 65-2-233.

terrain vague un privilége sur les échafaudages qui s'y trouvaient établis par le preneur.

Toutefois il n'est pas nécessaire que les objets, pour être garnissants, se trouvent dans l'intérieur des bâtiments ; par exemple, s'il s'agit d'une exploitation agricole. Ils garnissent la ferme ou l'usine, bien qu'ils soient sur des emplacements extérieurs, du moment que ceux-ci dépendent de l'exploitation (1).

C. Le privilége porte enfin sur tout ce qui sert à l'exploitation de la ferme ; tels que les bœufs, chevaux, ânes, mulets, etc., et les instruments aratoires. Toutefois, si les animaux avaient été donnés à cheptel au fermier par un tiers, et que le propriétaire en eût été averti par une notification, ils ne seraient pas atteints par le privilége (art. 1818). Cette notification doit avoir été faite, avant la constitution du cheptel ; il ne suffirait pas qu'elle fût faite avant la saisie. En effet, dès que le cheptel a été amené sur le fonds, il est grevé du privilége ; c'est au propriétaire des animaux à s'imputer de n'avoir pas notifié préalablement son cheptel (2).

II. *Bail d'une maison.* — Si le bail est d'une maison, l'art. 2102, 1°, dit que le privilége porte sur « tout ce qui garnit la maison louée. »

Que faut-il entendre par ces mots? Y a-t-il des meubles qui ne garnissent pas la maison? C'est ce qu'il nous faut étudier, et ce que nous dirons ici, s'ap-

(1) Journal du palais. 1853-2-215.

(2) Voir en ce sens : Persil, Régime hypothécaire, p. 79.

pliquera également à une ferme, comme nous l'avons déjà annoncé plus haut.

Il ne faut ni exagérer, ni restreindre le sens de ces mots : « tout ce qui garnit la maison ou la ferme. » Le principe doit être, que tous les meubles, sur lesquels le locateur n'a pas espéré pouvoir exercer son privilége, ne garniront pas la maison. Comme formule générale, on peut dire que tous les objets mobiliers, qui se trouvent dans une maison à raison de sa destination, ou qui appartiennent au locataire à raison de sa profession, garnissent la maison.

M. Mourlon a une formule plus générale (Critique du com. de M. Troplong, priv. et hyp. 83). Tous les objets mobiliers, apparents ou non, suivant lui, qui se trouvent dans la maison, la garnissent par cela seul qu'ils occupent une place. C'est aller trop loin. La loi ne parle que de ce qui garnit, or il ne faut entendre par là que les choses qui complètent la maison ou qui l'ornent. M. Mourlon appuie son système sur les mots : « *étant dans la maison,* » dont se sert l'art. 819 du Code de procédure civile, au titre de saisie-gagerie. Mais ces mots sont certainement synonymes de ceux employés par l'art. 2102, et c'est par eux qu'ils doivent s'expliquer, puisque l'article 2102, 1°, crée le privilége, et que l'art. 819 ne règle que le mode d'exercice. Nous persistons donc dans la distinction que nous avons faite; aussi, n'accorderons-nous pas de privilége sur l'argent monnayé, ni sur les titres de créances. En effet, pour l'argent monnayé, l'art. 2102 disant que le privilége porte sur le *prix* de tout ce qui garnit, le législateur a voulu par là l'exclure. En outre, l'argent n'est pas destiné à demeurer dans la maison, mais à être dépensé. Quant aux créances, elles représentent des choses incorporelles *quæ nullo circumscribuntur loco*, et on ne peut pas dire qu'elles garnissent une maison. Au surplus, si le locateur a privilége sur les meubles qui garnissent la maison, c'est qu'ils forment pour lui son gage, qui assure le paiement de ce qui lui est dû ; la preuve en est qu'il peut faire résilier le bail si les meubles sont enlevés. Or pour l'argent monnayé et pour les créances, il n'a pas pu y compter comme formant son gage, pas plus qu'il ne pourrait demander la résiliation, sous prétexte qu'il ne se trouverait pas un seul denier dans la caisse du sous-locataire. Nous en dirions autant des pierreries, bagues et bijoux, etc., à moins toutefois que le locataire ne fût un bijoutier ; car le privilége porte sur les marchandises renfermées dans les magasins du locataire. Et cela est logique, car dans le louage d'un magasin, les marchandises sont souvent le seul gage sérieux. Les marchandises, il est vrai, n'entrent dans le magasin que pour être vendues, et dès lors pour en sortir ; mais il ne faut pas en conclure pour cela, qu'elles ne se trouvent que par accident dans les lieux loués ; elles y sont à demeure, sous la réserve d'une destination commerciale ou industrielle, et elles garnissent la maison. « Le droit du locateur, dit Pothier, Traité du louage, n° 249, s'étend sur tous les effets qui garnissent les différentes parties d'une maison, suivant le genre d'exploitation de chacune des parties. »

Le privilége ne s'étendrait pas davantage à l'indemnité que pourrait devoir une compagnie d'assurance à un locataire qui aurait fait assurer son mobilier ou son risque locatif (1).

Parmi les objets qui garnissent une maison, il peut s'en trouver qui n'appartiennent pas au locataire, mais qu'il détient comme dépositaire, créancier gagiste, locataire ou emprunteur ; dans ce cas le locateur pourra-t-il exercer son privilége? L'affirmative était admise dans l'ancien droit, à la condition, dit Pothier, « qu'ils n'y soient pas en passant et avec la destination d'être transportés dans un autre lieu. » La solution doit être la même sous l'empire du Code, et pour l'appuyer on peut tirer argument de l'art. 1813 du Code qui décide que « lorsqu'un cheptel est donné au fermier d'autrui, il doit être notifié au propriétaire de qui ce fermier tient, sinon ce propriétaire peut le saisir et vendre pour ce que son fermier lui doit. » Au surplus, cette décision n'a rien que de très-équitable. En effet, le locateur a pu croire le locataire propriétaire, et c'est en considération de ce gage sérieux sur lequel il a compté, qu'il a loué la maison. Autrement, le locateur pourrait se laisser séduire par d'opulents mobiliers que l'on transporterait chez lui, et qui lui échapperaient, quand il voudrait faire porter sur eux son privilége. Il n'en peut être ainsi, s'il est de bonne foi ; la revendication de ces objets ne peut lui nuire ; en effet il la paralyserait par la règle de l'art. 2279, « en fait de meubles, possession vaut titre. » On peut d'un autre côté, supposer au propriétaire véritable, l'intention de soumettre ses

(1) 20 déc. 1859, Sir., 60-1-23. — 31 déc. 1862. Sir., 63-1-531.

biens au privilége, car la loi lui offre, au moyen d'une notification, la faculté de les soustraire à ce privilége.

Il pourrait arriver, que l'objet mobilier fût entaché d'un vice qui permît d'écarter l'art. 2279; alors le privilége ne l'atteindrait pas. Ainsi, s'il est établi que les meubles qui garnissent la maison ont été volés, ou si parmi eux il s'en trouve que leur propriétaire avait perdus, la revendication dans les trois ans de la perte et du vol sera bien fondée; car ici on ne peut présumer de la part de celui à qui ils appartiennent, l'intention de les soumettre au privilége, et d'un autre côté on ne peut lui reprocher de n'avoir point averti le locateur, puisqu'il n'a pas su qu'ils étaient entre ses mains.

Il pourrait arriver que le locataire eût acheté, dans une ferme ou dans un marché, les objets volés ou perdus (2280). Dans ce cas, la revendication sera possible; mais le revendiquant, pour réussir dans son action, devrait rembourser au locataire ce qu'il aurait dépensé pour se les procurer. Le locateur pourra réclamer, comme créancier et en vertu de l'art. 1166, le prix de ces objets; mais il ne pourrait exercer sur lui son privilége. En effet, cette somme n'est pas le prix des objets revendiqués, mais le paiement d'une créance du locataire contre le propriétaire des objets, et comme telle nous avons dit qu'elle échappe, au privilége; le locateur ne viendra donc sur cette somme que comme créancier ordinaire.

De même, si le bailleur a été de mauvaise foi, s'il a eu connaissance soit par une notification formelle ou directe, soit par les circonstances mêmes, que les meubles qui garnissent la maison ou la ferme n'appartenaient pas au locataire, il ne pourra exercer son privilége sur ces biens. Ainsi de nombreux arrêts ont décidé, que la notification n'est pas indispensable, mais que les circonstances seules, peuvent constituer le locateur de mauvaise foi. Car c'est un principe universellement reconnu, que ce qui a été confié au locataire, à raison de son industrie ou de sa profession, comme les effets remis à un maître d'hôtel par ses voyageurs, comme du linge donné à une blanchisseuse pour le blanchir, comme de l'étoffe donnée à une couturière pour faire une robe, ou comme une montre donnée à l'horloger pour la réparer, n'est point censé garnir la maison et ne répond point de loyers, sans qu'il y ait besoin que le locateur en ait été informé ou prévenu. (Pothier, du Louage, n° 24) (1).

Mais supposons que le propriétaire des objets introduits a fait connaître postérieurement au locateur son droit de propriété, ces objets continueront-ils à garantir les loyers à échoir ? MM. Aubry et Rau et la Cour de Paris ont accepté l'affirmative. Cette solution nous semble sujette à critique. En effet, le gage sur les objets des tiers repose sur la bonne foi du bailleur; or il cesse d'être de bonne foi, et le privilége doit cesser. Le bailleur n'est pas, après tout, désarmé; il peut, aux termes de l'art. 1752, C. civ. exiger un nouveau gage ou expulser le preneur.

Ces exemples prouvent surabondamment, qu'il y

(1) 18 Déc. 1848. Dal. 1849-2-33, 13 août 1872, Dal. 1872-1-469.

a là une question de fait laissée à l'appréciation des tribunaux, et il n'en pourrait être autrement, puisque tout le fondement du privilége sur les objets mobiliers appartenant à des tiers, et placés dans l'immeuble loué, se trouve dans l'art. 2279 qui exige la bonne foi. Aussi sera-t-il toujours plus prudent pour le propriétaire des objets mobiliers, de notifier l'existence de son droit au locateur, avant l'introduction des meubles chez lui. Ce sera le meilleur moyen de repousser l'allégation d'un prétendu consentement tacite, et d'éviter une preuve qui pourrait souvent être très-difficile.

Le privilége du locateur porte encore sur les meubles du sous-locataire, comme aussi sur les fruits du sous-fermier. Aussi l'article 820 du Code de procédure civile dit-il, que « les effets des sous-« fermiers et sous-locataires garnissant les lieux par « eux occupés, et les fruits des terres qu'ils sous-« louent, peuvent être saisis-gagés pour les loyers « et fermages dus par le locataire ou fermier de qui « ils tiennent.... »

En ce qui touche les meubles du sous-locataire, et les fruits du sous-fermier, il faut se demander s'ils répondent du paiement intégral des loyers, ou seulement dans une mesure plus restreinte. La réponse à cette question, se trouve dans l'article 820 du Code de procédure civile combiné avec l'article 1753 du Code civil. D'après ces articles, le bailleur ne peut saisir les meubles du sous-locataire, que dans la mesure du loyer dont le sous-locataire est débiteur envers le locataire principal ; que le bail ait ou non date certaine, et dans cette mesure seule, le mobilier répond du paiement du loyer. Et si le sous-locataire avait payé ses loyers entre les mains du preneur, le bailleur n'aurait plus d'action ni contre lui, ni sur son mobilier, à la condition que les paiements n'eussent pas été faits par anticipation, à moins d'une clause de son sous-bail. La raison de cette restriction, c'est que le propriétaire a été suffisamment averti par l'occupation de la maison par un sous-locataire, que les meubles n'appartenaient pas à son locataire principal, et que dès lors il n'a dû compter sur eux.

Le droit que l'article 1753 donne au bailleur de réclamer au sous-locataire le paiement du loyer du locataire principal, jusqu'à concurrence de ce que celui-là doit à celui-ci, est un droit direct que lui donne la loi, et non une application de l'article 1166; la conséquence est que le bailleur n'aura point sur cette somme à subir le concours des créanciers personnels du preneur.

La mesure dans laquelle le bailleur aura son recours contre les sous-locataires, peut compromettre les droits du bailleur; car si les paiements sont irrégulièrement faits au locataire principal, et que celui-ci devienne insolvable, son recours contre le sous-locataire disparaît. Aussi le locateur agira-t-il prudemment en se faisant donner d'autres sûretés par le locataire principal, ou en exigeant qu'il garnisse lui-même la maison ou la ferme, de meubles suffisants pour répondre du paiement des loyers.

Si le locataire logeait gratuitement un de ses amis dans la maison qu'il a louée, les meubles de celui-ci pourraient-ils être atteints par le privilége du bailleur? La question était controversée dans l'ancien droit. La négative était enseignée par Domat et Basnage qui se fondaient sur cette idée, que cet ami ne devant rien au principal locataire, ne peut pas voir ses meubles atteints par le privilége du bailleur. L'affirmative était soutenue, comme nous l'avons dit, par Pothier. Nous croyons, pour nous, qu'en principe, le locateur n'aura pas de privilége. En effet, l'art. 820, C. pr. civ. permet la saisie-gagerie sur les meubles du sous-locataire ; or, c'est au cas de sous-location seulement qu'il faut limiter l'application de l'art. 820. Nous résoudrions donc l'hypothèse que nous avons prévue, par les principes que nous avons posés plus haut, au sujet des objets mobiliers appartenant à des tiers.

CHAPITRE III.

QUELLES CRÉANCES SONT GARANTIES PAR LE PRIVILÉGE.

Les créances garanties par le privilége sont celles qui résultent du bail. Il garantit donc, aux termes de l'article 2102, 1° : 1° le prix des loyers ou fermages; 2° les réparations locatives; 3° tout ce qui concerne l'exécution du bail.

Nous parlerons d'abord des deux derniers chefs de créances, pour nous arrêter plus spécialement ensuite au premier.

I. *Créances pour réparations locatives.* — Elles constituent, d'après l'ordre de l'art. 2102, 1°, le second chef de créance privilégiée. On appelle ainsi certaines réparations de peu d'importance, qui sont mises à la charge du locataire, d'après l'art. 1754, qui en donne des exemples plutôt qu'une énumération limitative. Le locataire peut être déchargé de ces réparations, soit par la convention, soit en prouvant que les dégradations sont occasionnées par vétusté ou force majeure; mais, dans le cas contraire, la créance résultant de ces dégradations sera privilégiée.

II. *Créance pour exécution du bail.* — Par ces mots de l'art. 2102, 1° : « tout ce qui concerne l'exécution du bail, » il faut comprendre d'abord toutes les conséquences des obligations tant principales que secondaires du preneur ; par exemple, les dommages-intérêts pour les dégradations commises et ceux résultant de l'inexécution du bail. Il faut y comprendre aussi toutes celles qui pourraient résulter de conventions spéciales insérées dans le corps du bail. Ce serait, par exemple, l'obligation de représenter le cheptel, les instruments, les semences données par le bailleur. Ce serait aussi les avances pécuniaires faites en vertu d'une convention du bail. Souvent, en effet, un agriculteur peut manquer des fonds nécessaires à l'exploitation d'une ferme et le propriétaire lui en fait l'avance, ainsi que de tout ce qui est indispensable pour l'exploitation ; or rien de plus naturel que de garantir par un privilége, ces obligations du preneur, qui n'ont pris naissance qu'à cause du bail.

Ceci s'appliquera sans difficulté pour les avances qui résulteront d'une clause spéciale du bail ; mais faudrait-il décider de même, pour le cas où elles seraient faites par le bailleur à son fermier, postérieurement à la location, et où elles ne seraient pas constatées par le bail lui-même ? La question est débattue entre les auteurs. Pour l'affirmative, on peut tirer argument de l'ancien droit. Pothier, en effet (Traité du louage, n° 254), après avoir parlé des avances faites en vertu du bail, pour lesquelles, dit-il, il ne peut y avoir de doute, s'exprime ainsi : « Il y a « plus de difficulté, si les avances n'ont été faites que « depuis le bail ; car la créance de ces avances naît « d'un contrat de prêt, séparé et distinct du bail, et « qui n'en fait point partie. Néanmoins, il paraît que « l'*usage* a étendu à cette créance, les droits du sei-

« gneur de métairie, surtout lorsque ces avances ont « été faites en grains ou autres espèces, et qu'on ne « peut douter qu'elles ont été faites pour faire valoir « sa métairie; car le seigneur de métairie ayant été « obligé de faire cette avance pour faire valoir sa « métairie, il y a même raison que pour le bail. » Ces raisons, peut-on ajouter, sont aussi puissantes aujourd'hui qu'elles l'étaient autrefois, et l'*usage* aujourd'hui comme au temps de Pothier, doit faire accorder le privilége. En effet, le fermier a rarement, quand il se présente au propriétaire d'un immeuble et qu'il passe bail, les provisions nécessaires pour sa subsistance et celle de sa famille; et le propriétaire est obligé souvent de lui fournir des avances, soit en denrées, soit en argent; or l'intérêt de l'agriculture et l'exécution du bail lui-même nécessiteront ces avances, qui seront d'autant plus volontiers accordées, qu'elles seront plus sûrement garanties. Enfin le texte de l'art. 2102, 1°, prouve par la généralité de ses termes « ce qui concerne l'exécution du bail, » que toute distinction entre les avances antérieures au bail et celles qui lui sont postérieures, doit être repoussée, et qu'il faut seulement envisager le fait de l'exécution du bail qui assurément sera facilitée par les avances du propriétaire.

Cette opinion, qui est celle de la majorité des auteurs, a été confirmée par la jurisprudence (1).

Dans une autre opinion, qui est la nôtre, on refuse le privilége. Les priviléges, dit-on alors, sont de

(1) Cour de Limoges, 26 août 1848. Dal. 49-2-173.

droit étroit, on ne peut les étendre. Soutiendra-t-on que les mots : « tout ce qui concerne l'exécution du bail, » comprennent toutes les avances postérieures? Mais alors, répond-on, où va-t-on s'arrêter, et quelle portée ne donnera-t-on pas à ce texte? L'arbitraire dans lequel on tombera forcément; les difficultés d'appréciation que soulèveront ces questions d'avances, pour savoir si elles favorisent ou non l'exécution du bail, nous font repousser l'argument que l'on tire de ces mots, pour le restreindre au seul cas où les avances sont prévues par le bail. Au surplus, dirons-nous, il était bien facile au propriétaire d'avoir des garanties pour ses avances; c'était d'en faire l'objet d'une clause du contrat. Quant à l'argument que l'on peut tirer de l'ancien droit, il est facile d'y répondre. Pothier lui-même ne semblait pas d'avis d'accorder ce privilége; c'est l'*usage*, dit-il, qui l'a étendu à ce cas, et il explique cet usage. Dans l'ancien droit, en effet, les causes des priviléges étaient mal délimitées et l'usage pouvait créer des priviléges. Il est vrai que dans certains cas la créance du propriétaire est très-favorable; mais, comme disait déjà Pothier, elle naît d'un contrat distinct et séparé; en conséquence, nous refuserions au propriétaire le privilége, qui doit être restreint aux cas spécialement prévus par la loi.

III. *Créance de loyers.* — Il faut supposer que le locateur use de son privilége pour réclamer le paiement de ses loyers; c'est assez dire que nous laisserons de côté le cas où le locateur saisirait pour se payer les meubles de son locataire, sans opposition de la part des autres créanciers de celui-ci. Dans ce cas l'exercice du privilége n'étant pas possible, puisque pour l'exercer il faut l'existence d'autres créanciers qu'il prime, le locateur se paiera de tous les loyers échus, que le bail ait ou non date certaine ; mais non de ceux à échoir, puisque la créance de ceux-ci n'est pas exigible ; et il demandera la résiliation du bail, si après la saisie, il ne reste plus assez de mobilier pour garantir le paiement des loyers à échoir.

Si au contraire le locateur est à même d'exercer un privilége ; si à la suite d'une faillite ou d'une déconfiture, il y a concours des créanciers sur les biens de leur débiteur, quelle sera alors l'étendue de la créance privilégiée ? L'art. 2102, 1°, répond à la question, ainsi qu'une loi du 19 février 1872 pour le cas de faillite seulement dans des hypothèses particulières. Cette loi fera l'objet d'un chapitre spécial ; aussi nous occuperons-nous exclusivement ici, de l'art. 2102. Il dispose :

« Les créances privilégiées sur certains meubles « sont : 1° les loyers et fermages des immeubles... « savoir pour tout ce qui est échu, et pour tout ce qui « est à échoir, si les baux sont authentiques ou si étant « sous signature privée, ils ont une date cer- « taine...

« Et à défaut de baux authentiques, ou lorsqu'étant « sous signature privée, ils n'ont pas une date cer- « taine, pour une année à partir de l'expiration de « l'année courante. »

Le Code distingue donc suivant que le bail est authentique ou sous seing privé ayant date certaine, ou suivant qu'il est sous seing privé sans date certaine. Nous suivrons cette distinction.

A. *Bail authentique, ou sous seing privé avec*

date certaine. — Alors non seulement le privilége garantit les loyers échus, mais encore ceux à échoir.

Que le privilége garantisse les années échues, cela se comprend et est conforme aux principes du contrat de louage. Le bail est un acte continu, qui ne doit point recevoir d'intermission.

En vain dirait-on, que le propriétaire doit s'imputer de ne s'être pas fait régulièrement payer chaque année, et qu'il ne doit pas nuir ainsi aux autres créanciers; nous répondrons que la discussion du Code civil établit précisément, que l'on a permis au locateur de se faire payer par privilége de tous ses loyers échus, afin qu'il ne fût pas engagé à se montrer chaque année, rigoureux envers le locataire. Toutefois, si le locataire est resté plus de cinq années sans se faire payer des loyers échus, les autres créanciers pourront invoquer la prescription de l'article 2777.

Quant au paiement par privilége de tout ce qui est à échoir, c'est là un cas où l'on est autorisé à exiger le paiement d'une dette avant son échéance. C'est là un avantage exorbitant qui peut cependant à la rigueur, se justifier. En effet, le locateur est en quelque sorte créancier gagiste ; son gage porte sur la récolte et sur les meubles; si ces meubles sont vendus et saisis à la requête des créanciers, la situation du locateur sera bien critique; sa garantie va disparaître, garantie sans laquelle jamais il n'aurait consenti un bail aussi long. Si on lui enlève son gage, il a le droit de s'y opposer à moins qu'on ne lui paie tout ce qui lui sera dû. Le locataire ne pourrait pas enlever ses meubles sans cette condition ; pourquoi ses créanciers auraient-ils plus de droit que lui ? Au surplus les autres créanciers ne souffriront pas de préjudice, puisqu'il leur restera le droit de relocation dont nous parlerons plus loin.

Il peut arriver que le bail soit de telle nature, qu'il ait une durée moindre que celle portée dans l'acte authentique au sous-seing privé ayant date certaine ; dans ce cas, le privilége s'étendra-t-il aux loyers à échoir ? Je m'explique. Un usufruitier, par exemple, donne à bail la terre sur laquelle porte son usufruit ; le mari sous le régime de communauté donne à bail un immeuble de la femme pour une durée de quinze années ; le locataire tombe en faillite ou en déconfiture à l'expiration de la première année ; le bailleur pourra-t-il exiger que son privilége s'étende aux quinze années à échoir ? Oui assurément. Ce qui pourrait faire naître le doute, c'est que le bail se trouvera peut-être réduit à une durée de neuf années, si l'usufruitier mourant ou la communauté étant dissoute avant, le propriétaire ne veut maintenir le bail. Seulement dans ce cas, les deniers seront déposés à la caisse des dépôts et consignations, et touchés par l'usufruitier ou le mari, au fur et à mesure qu'ils y auront droit.

La loi a mis sur le même rang que le bail authentique, le bail sous signature privée, mais ayant acquis date certaine. Au terme de l'art. 1328, Code civ. les actes sous seing privé peuvent acquérir date certaine, non seulement par l'enregistrement ; mais encore par la mort de l'un des contractants ou par la constatation de la substance de l'acte dans des actes dressés par officiers publics, tels que procès-verbaux de scellés ou d'inventaires. Mais il faut se demander à quelle époque le bail doit avoir date certaine. Dans une opinion qui s'appuie sur la généralité du texte, on soutient qu'il suffit que le bail ait date certaine à quelque époque que ce soit avant la faillite ou la saisie.

Dans une autre opinion qui nous semble préférable, on raisonne ainsi : il est conforme aux principes de la preuve des obligations à l'égard des tiers, de dire que si le bail n'a acquis date certaine que postérieurement au fait qui détermine l'exercice du privilége, c'est-à-dire la faillite ou la saisie, il ne devra point assurer au bailleur le privilége, comme au cas de bail authentique; car il serait trop facile de pratiquer par là, une fraude que la loi veut éviter.

B. *Bail sous seing privé, sans date certaine.* — Dans ce cas, l'étendue du privilége est restreinte à une année, à partir de l'expiration de l'année courante. Ce que nous dirons ici, s'appliquerait au cas où le bail ne serait pas écrit, mais purement verbal. Si dans ce cas le privilége est ainsi restreint, c'est que l'on pouvait craindre une collusion entre le locataire et le locateur, au préjudice des autres créanciers, collusion qui eût consisté à reporter à une date très-éloignée la fin du bail.

Ainsi donc, si ce bail n'a plus date certaine, il n'y a pas de difficultés, en tant que le privilége est exclu pour les années qui suivront l'expiration de l'année courante. Mais, si l'on prenait à la lettre le texte de la loi, ce privilége ne s'exercerait que pour l'année qui suivra l'année courante; or, que faudrait-il décider pour l'année courante et les années échues? Cette question divise encore les interprètes. Trois systèmes principaux sont en présence, qu'il nous faut discuter; un quatrième a été proposé en dernier lieu par M. Mourlon; nous ne nous y arrêterons pas, ne lui reconnaissant d'autre mérite que celui de la nouveauté.

Un premier système appliquant rigoureusement l'art. 2102, 1°, décide que le locateur n'a privilége que pour l'année qui suit l'année courante, et non pour les années échues, ni pour l'année elle-même. On fonde cette doctrine, d'abord sur les considérations suivantes : les priviléges, dit-on, sont de droit étroit, et doivent être limités aux cas expréssement prévus par la loi; de plus, le bail n'ayant pas de date certaine ne peut en droit avoir d'existence à l'égard des tiers; on ajoute aussi que dans la pratique du Châtelet de Paris, attestée par des actes de notoriété du 7 février 1688, 24 mars 1702, 2 et 9 septembre 1717, les propriétaires sous bail notarié, n'étaient privilégiés que pour les trois termes échus et le terme courant, c'est-à-dire, pour une année seulement. Enfin, M. Treilhard a exprimé clairement devant le Conseil d'Etat, la crainte qu'auraient eue les auteurs du projet de donner ouverture à la collusion, s'ils avaient fait produire aux baux sans date certaine un privilége pour un temps plus long que l'espace d'une année. (séance du 3 ventôse an XII) (1).

Un deuxième système dit que le premier est trop esclave du texte; et il faut étendre en conséquence

(1) Fesset. t. 15 p. 352.

le privilége à l'année courante et celle qui la suit. Les auteurs qui le soutiennent, justifient le silence de la loi au sujet de l'année courante, par cette idée que pour elle il ne pourrait y avoir de doute. En effet, quant à elle l'existence du bail est notoire ; et aussi le danger de la collusion n'est point à craindre, entre les locateur et locataire. Bien plus, ce danger était à craindre pour l'année à venir et cependant la loi garantit par ce privilége, le loyer de cette année ; à plus forte raison donc entend-elle le faire pour l'année courante, pour laquelle la possession du locataire prouve surabondamment l'existence du bail.

Enfin, le troisième système, qui est celui de la jurisprudence, dit que le privilége garantit les loyers échus, celui de l'année courante, et celui de l'année qui la suit. Les arguments qui l'appuient sont nombreux. Et d'abord, la simple comparaison de deux alinéas de l'art. 2102, 1°, où il est question du bail authentique ou sous seing privé sans date certaine, et dans l'autre du bail sous seing privé sans date certaine, montre que la limitation dans le second cas ne porte que sur les loyers à échoir dans l'avenir. C'est là l'interprétation qui se présente tout d'abord à l'esprit. Elle est confirmée par l'intention du législateur qui n'avait pour but que d'empêcher la collusion entre le locateur et le locataire, collusion qui n'était possible que pour l'avenir. Il est vrai que pour le passé, la fraude serait encore possible, en ce que le locateur s'entendrait avec le locataire pour faire disparaître les quittances et pourrait ainsi réclamer des loyers déjà payés ; mais cette colllusion, le législateur n'a pu la prévoir ; car elle n'est pas plus à craindre quand le bail est purement verbal ou sous signature privée que lorsqu'il est authentique. Ainsi l'annulation, du bail n'était à craindre que quant à l'avenir; mais quant au passé, l'existence du bail a été un fait connu de tous, le locataire a occupé les lieux, et chacun a pu le voir ou habiter la maison ou cultiver les terres; en sorte que l'existence et le fait du bail pourront toujours être prouvés par les modes que le code permet d'employer pour prouver le bail. Mais en admettant même que l'art. 2102, 1°, n'est pas suffisamment explicite; l'art. 819 du Code de Procédure ne peut laisser aucun doute. En effet il permet, au propriétaire de saisir les meubles de son locataire pour les *loyers et termes échus, soit qu'il y ait bail, soit qu'il n'y en ait pas;* or il y a une relation intime entre la saisie-gagerie et le privilége du bailleur; et le législateur ne distingue pas pour les termes échus, suivant que le bail a ou non date certaine (1).

Entre ces trois systèmes il nous faudra choisir. Pour faciliter notre option, écartons d'abord le dernier. Tout nous conduit à le repousser : la crainte de la fraude, l'historique de la rédaction, et enfin les principes du droit.

1° La crainte de la fraude. En effet rien ne sera plus facile d'abord que d'exagérer le prix de la location; en vain dira-t-on, qu'on pourrait le faire estimer par experts; le code nous aide à repousser cette objection; car autrement il n'eût pas

(1) Voir pour la jurisprudence : Cas. 28 juillet 1824, Sir. 25-1-54. Req. rej. 6 mai 1835, Sir 35-1-433. Metz 6 janv. 1859. Sir-59-2-129.

eu égard au bail pour déterminer la somme privilégiée pour l'avenir. Le Code a cru la fraude possible ; aussi a-t-il voulu la réduire, en n'accordant pas le privilége pour les loyers échus. La fraude se présentera encore par la suppression des quittances. En vain dirait-on qu'elle est possible aussi dans le cas d'un bail authentique ; il n'est pas moins vrai que dans le bail sous seing privé sans date certaine, elle est plus réelle et plus grave. En effet, dans le bail primitif, peut-être a-t-on indiqué les époques de paiements, peut-être même a-t-on constaté qu'une partie du prix a été payée au moment du contrat, ce qui rendrait impossible toute tentative de fraude. Ainsi il y a même sous ce rapport, une grave raison pour accorder moins de droit au bailleur, même quant aux loyers échus, lorsque le bail qu'il produit n'a pas date certaine.

2° L'historique de sa rédaction. Car l'art. 8 du projet portait en substance que les loyers et fermages étaient privilégiés pour tout ce qui est échu et pour le terme courant, si les baux sont authentiques ; s'ils sont sous seing privé pour une année seulement y compris le terme courant ; mais il n'était pas question de loyers à échoir. L'extension du privilége aux loyers à échoir pour le premier cas seulement, fut réclamée par le Tribunal d'Appel de Paris qui se fondait sur l'un des actes de notoriété du Châtelet de Paris, cité par Pothier (253 du Louage). La distinction quant aux loyers échus fut donc maintenue. Mais de plus, il suffit de lire attentivement les travaux préparatoires pour voir que le législateur redoutait aussi bien les fraudes dans le passé que dans l'avenir.

M. Begouen en effet disait « que le système de la section, c'est celui de l'art. 2102, a l'inconvénient d'embarasser le propriétaire et de l'obliger à être rigoureux avec son fermier, et M. Defermon répondit : « que la disposition proposée serait utile au trésor public en ce qu'elle assurerait les droits d'enregistrement sur les baux ; mais qu'elle est désavantageuse pour le propriétaire parce *qu'elle l'expose à perdre les fermages arriérés* (1). Or après ces paroles que suivit l'adoption du projet, est-il permis d'hésiter, alors encore que M. Treilhard répondait « que la section aurait craint de donner ouverture à la collusion, si elle eût attaché le privilége aux baux qui n'ont pas date certaine pour un temps plus long que l'espace d'une année. » Les travaux préparatoires viennent donc encore corroborer notre opinion.

3° Les principes de droit. Ils viennent enfin eux aussi appuyer la solution que nous avons donnée. En effet il s'agit ici d'un acte sous seing privé; or, on ne peut sans blesser les règles du droit lui faire produire les mêmes effets qu'un acte authentique, en le rendant opposable aux tiers.

La loi a voulu accorder un avantage au propriétaire prudent qui assure à son bail une date certaine; et cela d'autant mieux que le plus souvent c'est par l'enregistrement que l'on arrivera à ce résultat et ainsi, tout en augmentant les ressources du Trésor, à s'éviter des contestations et des fraudes.

Il nous reste maintenant, pour en avoir fini avec le

(1) Locré, t. XVI, p. 241.

troisième système, à répondre à l'objection tirée de l'art. 819 du Code de Procédure civile. Cet article permet, dit-on, au propriétaire, de saisir-gager pour *loyers échus* les meubles qui garnissent la maison ou la ferme, encore que le bail soit sous seing privé sans date certaine, ou même qu'il n'en existe pas. Mais, pour admettre qu'un texte du Code de Procédure civile vienne modifier une disposition formelle, il faudrait que toute autre explication de ce texte fût impossible. Or en est-il ainsi ? Non incontestablement. L'article ne suppose pas nécessairement l'exercice d'un privilége ; mais le cas d'un bailleur non payé qui veut saisir les meubles de son locataire ; il lui accorde alors la saisie-gagerie; mais qui ne pourra être employée qu'après l'échéance des loyers ; et la fin de l'article assure jusqu'à cette échéance la sécurité du bailleur, en lui permettant de conserver son gage intact, et de le faire maintenir en son intégrité pour la revendication en cas de placement des meubles. L'objection tirée de l'article 819 tombe donc entièrement, et il reste acquis que pour les années échues, il ne peut être question d'un privilége.

Et maintenant que nous avons écarté un des trois systèmes, il nous faut prendre parti pour l'un des deux autres. Pour nous, il ne peut s'élever de sérieuses controverses qu'entre les auteurs qui admettent le privilége pour une année seulement dans l'avenir, et ceux qui l'admettent pour toutes les années échues, l'année courante et une année dans l'avenir. C'est assez dire qu'ayant combattu cette dernière doctrine, nous nous rattachons à la première. Ce système a pour lui le texte de la loi, et les principes du droit en matière de preuve; il n'en faut pas davantage pour que nous l'acceptions. Nous pourrions aussi trouver des arguments dans les travaux préparatoires; nous les négligeons, car l'opinion qui admet le privilége pour une année dans le passé et une année dans l'avenir, a la même ressource. Les travaux préparatoires ne peuvent fournir d'arguments sérieux que si les orateurs n'ont pas exprimé chacun un avis différent; et c'est parce que nous les avons tous trouvés unanimes sur la question des loyers échus que nous avons invoqué leur témoignage; mais ici, en présence de la divergence des opinions, nous nous appuyons sur le texte et l'esprit de la loi.

Ainsi donc, en cas de bail sous seing privé sans date certaine, nous n'accordons le privilége que pour une année dans l'avenir.

Nous venons de voir qu'il y a un grand intérêt à distinguer si le bail est authentique ou s'il est sous seing privé sans date certaine. Il est un cas où il pourra y avoir doute sur la nature du bail. C'est celui où après l'expiration d'un bail authentique, il y a une tacite reconduction. Dans ce cas, quelle sera l'étendue du privilége? Pour soutenir qu'il faut appliquer au cas de tacite reconduction, les mêmes principes qu'aux baux authentiques, voici le raisonnement de M. Troplong. Le motif principal qui, pour les loyers à échoir, fait restreindre le privilége en cas de bail sans date certaine, est la crainte de collusion entre le locateur et le locataire; or cette crainte disparaît ici; car le prix, d'une part, est fixé par le bail authentique qui a pris fin; d'autre part, la durée est déterminée ou par l'usage des lieux (art. 1759), ou par les nécessités de l'exploitation. Malgré ce motif, nous croyons que la Cour de cassation a bien jugé en ne voyant dans la tacite reconduction, qu'un bail verbal sans date certaine. En effet, la tacite reconduction est un nouveau bail, dit l'art. 1738, comme disait Olpin (L. 14, D. *loc. cond.* XIX. 11). *Intelligitur dominus... ex integro locare,* et l'article ajoute que l'effet de ce bail est réglé par l'article relatif aux locations sans écrit. Sans doute, c'est l'ancien bail qui fixe le prix du loyer ; mais néanmoins c'est un nouveau bail simplement verbal, et qui ne peut procurer au locateur que les droits attachés aux baux sans date certaine. Nous conclurons de là, que si pendant la durée d'un bail de cinq ans, par exemple, de terres labourables divisées en cinq soles, continué par tacite reconduction, le locateur, après avoir laissé écouler deux années, voit son mobilier saisi par ses créanciers, le locataire ne pourra se faire payer que le fermage d'une année dans l'avenir, et non les fermages de deux années échues et de toutes celles à échoir, comme il eût pu le faire si le bail avait été authentique ou sous seing privé avec date certaine.

CHAPITRE IV.

DU DROIT DE RELOCATION ACCORDÉ AUX CRÉANCIERS.

L'étendue donnée par la loi au privilége du bailleur, pourrait être très-préjudiciable aux créanciers qui seraient primés par lui ; de là le droit que leur accorde l'art. 2102, 1°, « de relouer la maison ou la « ferme pour le restant du bail et de faire leur profit « des baux et fermages, à la condition de payer au « propriétaire tout ce qui lui serait encore dû. »

L'art. 2102, 1°, n'accorde expressément ce droit de relocation qu'au cas de bail authentique ou ayant date certaine ; mais il est évident que sa décision est la même au cas du bail sans date certaine. L'équité exige qu'il en soit ainsi ; en effet, s'il en était autrement, le locateur qui aurait obtenu, par un privilége, le paiement de l'année qui suivra l'expiration de l'année courante, aurait encore la faculté de relouer son immeuble, car on ne peut le forcer à le laisser improductif; et il aurait ainsi la jouissance d'un immeuble dont il s'est déjà fait payer le loyer. Les créanciers pourront donc relouer pour l'année qui suivra l'expiration de l'année courante.

Ce que nous venons de dire s'appliquerait également au cas où il n'y aurait pas de bail écrit, mais une simple convention verbale.

Les créanciers auraient-ils cette faculté de relocation si le bail avait, par une clause spéciale, fait défense de sous-louer? Pour la négative, on peut dire qu'aux termes de l'article 1717 du Code civil, la défense de sous-louer est une clause de rigueur et qui doit être respectée; que dès lors si le locataire n'a pu sous-louer, ses créanciers ne doivent pas davantage le pouvoir. Pour l'affirmative, on se fonde sur l'art. 2102, 1°, qui eût été inutile autrement. En effet, pourquoi accorder expressément aux créanciers le droit de relocation; ils l'auraient puisé dans l'article 1166 en exerçant les droits de leur débiteur. De plus, il eût été injuste de dépouiller les autres créanciers qui ont pu compter sur les meubles de leur débiteur, et qui se voient primés par le bailleur; et il était naturel que l'on cherchât à les indemniser. C'est donc un droit propre au créancier du preneur, droit supérieur à celui de leur débiteur. La clause ne peut donc leur être opposée (1). Toutefois, ce n'est qu'autant que le bailleur invoquera son privilége pour se faire payer le loyer des années à venir, que la clause prohibitive de la sous-location ne sera pas opposable aux créanciers du preneur. Sil renonçait à son privilége, les créanciers du preneur ne pourraient relouer, car ils n'auraient de droit que celui que leur donne l'art. 1166.

Le droit de relocation que la loi donne aux créanciers du preneur, ne leur est accordé qu'« à la charge « toutefois, dit l'art. 2102, 1°, de payer au proprié-

(1) Req. rej. 28 déc. 1858. Dal., 1859-1-62.

« taire tout ce qui lui serait encore dû. » Par ces mots, il faut comprendre non seulement les termes à échoir, mais les termes arriérés, les réparations locatives, et en général toutes les sommes dues par le locataire à l'occasion de l'exécution du bail ; car pour que les créanciers du preneur aient droit de relouer, il faut que le bailleur soit complètement désintéressé.

Ces expressions de la loi ont donné lieu à une question délicate. Faut-il un paiement préalable ou un paiement au fur et à mesure de l'échéance des loyers? Dans un premier système, on enseigne qu'il faut être favorable aux créanciers ; et qu'en présence du texte qui ne détermine pas d'époque, il est préférable d'admettre le paiement au fur et à mesure des échéances, à la condition de garnir les lieux loués. Dans un second, on distingue suivant que le bail interdit ou non de sous-louer. S'il interdit le droit de sous-location ; alors les créanciers doivent, pour pouvoir l'exercer, payer tout par avance, et cela pour les raisons que nous développerons dans le troisième système. S'il l'accorde, au contraire ; ils ne sont pas obligés de payer immédiatement ; car les créanciers du preneur, pouvant tout ce qu'il peut, ne sont pas obligés, quand ils usent de son droit, de payer des loyers dont il ne serait pas tenu de faire l'avance lui-même. D'un autre côté, si les créanciers sous-louent, le locateur conserve son privilége sur les meubles du sous-locataire et dès lors il a toutes les garanties désirables. Dans un troisième système, qui est celui de la jurisprudence, et que nous croyons le meilleur, on décide que les créanciers doivent toujours payer à l'avance les loyers à échoir. Disons d'abord de suite, pour rejeter le second système, que l'art. 2102 ne se préoccupe point de la question de savoir si le preneur a la faculté de sous-louer ou non. Les intérêts du bailleur ne doivent pas moins être protégés contre l'insolvabilité du preneur dans un cas que dans l'autre. C'est d'une manière absolue qu'il accorde au bailleur le droit d'exiger par anticipation, le paiement des loyers à échoir. Comme compensation, les créanciers ont un droit propre, celui de relouer la maison ou la ferme; mais à une condition, dure il est vrai, mais qui est logique. En effet, si le prix des meubles eût été suffisant pour désintéresser le bailleur des loyers a échoir, il est incontestable que l'art. 2102 lui eût accordé le droit de se faire payer immédiatement; or, supposons que les meubles n'ont pas suffi, le législateur a voulu placer le locateur dans la même situation que si les meubles eussent suffi. L'expression même, employée dans l'article : « faire leur profit des baux, » montre bien que les créanciers ont dû désintéresser d'avance le bailleur. Au reste, les termes du Code ne peuvent laisser de doute : « à la charge de payer tout ce qui leur serait encore dû. » Le mot « *tout* » ne prouve-t-il pas qu'il s'agit d'un paiement immédiat; et le mot « *encore* » ne nous montre-t-il pas qu'il s'agit de parfaire la somme que n'a point atteinte le prix des immeubles (1).

Sur le droit de relocation, il s'élève encore une

(1) Orléans, 22 août 1860. Dal. 1862-2-118.

difficulté, que suggère le texte, quand il dit, que les créanciers auront le droit de relouer la maison ou la ferme pour le *restant du bail à la charge......* On s'est demandé si, le locateur n'ayant été payé, par exemple, que de quatre années sur sept qui restent encore à courir, les créanciers peuvent se borner à sous-louer pour ces quatre années déjà acquittées, ou s'ils doivent désintéresser le bailleur pour les trois autres, et réclamer pour les sept années à échoir. M. Valette (Priv. n° 64) se base sur le texte, pour soutenir que les créanciers ne sont admis à user du droit de relocation, que sous la condition de relouer pour toutes les années du bail restant à courir. Cette opinion est repoussée par la majorité des auteurs et par la cour de cassation (1). Il faut remarquer que, si le texte exprime, que les créanciers peuvent aller jusque là, il ne dit pas qu'ils y doivent aller nécessairement. En définitive, il y a là un droit introduit, en faveur des créanciers, comme compensation au préjudice que leur cause le privilége exorbitant, accordé au bailleur dont la créance les prime. Donc, il est tout naturel, de laisser ceux au profit desquels existe ce droit, juges de la mesure dans laquelle ils l'exerceront. S'il en était autrement, si les créanciers ne pouvaient faire leur profit des loyers et fermages, dans la mesure des loyers payés par avance au locateur, il faudrait, ou laisser au propriétaire pendant ce nombre d'années la chose et le prix, ce que l'on a voulu éviter en accordant le droit de relo-

(1) Civ. rej. 4 janvier 1860. Dal. 1860-1-34.

cation ; ou dire que pendant ce temps, les lieux seront inoccupés, ce qui serait absurde. Ce système nous paraît d'autant meilleur, qu'il devient une ressource précieuse, pour les créanciers qui sont obligés, suivant nous, de faire un versement intégral et immédiat en cas de relocation totale. C'eût été méconnaître la pensée de l'art. 2102, 1° que d'imposer aux créanciers, une avance aussi considérable, sans leur accorder, ils le préfèrent, une collocation partielle qui est la compensation des loyers touchés par le locateur. On objectera peut-être, que les créanciers ne peuvent scinder le bail, puisque le preneur ne le pourrait lui-même. Je réponds alors, que l'objection serait sérieuse, si les créanciers agissaient commme ayant cause du preneur. Or, il n'en est rien. C'est un droit qu'ils ont, parce que la loi le leur donne spécialement. Il est donc faux de dire, qu'ils n'ont pas plus de droit que le preneur.

Le propriétaire peut, dans tous les cas, en s'abstenant de réclamer les loyers à échoir, se soustraire à l'exercice du droit de relocation. M. Mourlon, (n° 94, Examen crit. des priv. de M. Troplong) soutient à tort que, lorsque le bail n'enlève pas au locataire la faculté de sous-louer, les créanciers peuvent désintéresser le locataire malgré lui, et relouer si cela leur est avantageux, c'est-à-dire, s'ils trouvent des loyers plus élevés que ceux qu'ils auront à lui payer. En effet, c'est l'exercice du privilége pour les loyers à échoir, qui donne naissance au droit de relocation; or le propriétaire en faveur duquel, le privilége est introduit, est maître d'en user, ou de s'en abstenir. S'il ne demande pas les loyers non échus ; s'il préfère la résiliation du contract ; à quel titre, les créanciers réclameraient-ils le droit de relouer? Ce droit, n'est-il pas le dédommagement d'un préjudice qui n'est possible, que par l'exercice du privilége.

CHAPITRE V.

DE LA REVENDICATION ACCORDÉE AU LOCATEUR.

Jusqu'ici, nous n'avons parlé que du droit de préférence du bailleur ; il nous faut maintenant, dire que la loi accorde encore, en quelque sorte, un droit de suite, qualifié, par l'article 2102, 1° dernier alinéa, droit de revendication. Ce droit est accordé, que le bail ait ou non date certaine.

En droit romain, nous l'avons dit, le locateur avait une hypothèque, avec droit de suite. Le droit de suite disparut avec le principe que, « les meubles n'ont pas de suite par hypothèque (2119). » Ce principe, qui reçoit son application comme règle générale, a subi, en cette matière, une modification, sans laquelle la situation du bailleur eût été fort précaire. En effet, il eût été bien facile au locataire, de priver le bailleur du privilége établi en sa faveur, privilége fondé sur l'idée de nantissement, en faisant disparaître ses meubles des lieux loués. Aussi est-ce pour prévenir ce danger, que l'art. 2102, 1°, suivant la pratique de notre ancien droit français, accorde au bailleur, le droit de saisir les meubles déplacés sans son consentement.

Outre ce droit de suite, le locateur a encore à sa disposition la saisie-gagerie, pour empêcher le divertissement de son gage. Ainsi le locateur, si les meubles sont encore dans les lieux loués, et qu'il craigne que le locataire ne les enlève, peut, par la voie de la saisie-gagerie, aux termes de l'art. 819 et en remplissant les formalités prescrites par cet article conserver provisoirement la possession de son gage, jusqu'à ce qu'il ait obtenu un jugement de condamnation contre son débiteur. Comme cette saisie-gagerie ne conduit pas à l'aliénation du gage, il faudra pour arriver à la vente des meubles, recourir à la saisie exécution, et observer les art. 583 et suivants du Code de procédure civile.

Que si les meubles ont été déplacés, c'est alors que le bailleur exercera son droit de suite, au moyen de la saisie revendication dont il est parlé dans les articles 826 et suivants du Code de procédure civile.

Ce droit accordé au bailleur de revendiquer ainsi les meubles qui ont été déplacés, n'est-il pas contraire à la règle de l'article 2279 : « En fait de meubles possession vaut titre? » Non; tout s'explique par cette idée, que la revendication suppose un déplacement furtif; en effet le locataire qui enlève de la maison ou de la ferme, le mobilier qui la garnit, se rend pour ainsi dire coupable, envers son bailleur, d'un vol de possession.

Si les meubles détournés avaient été achetés de bonne foi, dans une ferme ou marché, ou dans une vente publique, ou d'un marchand vendant des choses pareilles, le bailleur ne pourrait exercer la revendication contre le possesseur actuel de ces meubles, qu'à la condition de lui rembourser le prix qu'ils lui auraient coûtés (2280). Le privilége du locateur ne peut être en effet traité plus favorablement que le droit de propriété, et le propriétaire d'une chose volée ne peut la revendiquer entre les mains du possesseur qui l'a achetée dans les circonstances que nous avons dites, qu'à la charge par lui, de rembourser le prix.

La revendication serait-elle possible, entre les mains d'un tiers et particulièrement d'un acheteur de bonne foi? Ici encore la question est controversée. Pour nous, l'affirmative n'est pas douteuse. En effet, le texte du Code ne distingue pas, suivant que le possesseur actuel est de bonne ou de mauvaise foi; il suffit, pour que la revendication soit possible, que le déplacement ait lieu sans le consentement du locateur. On objecte à cette solution, qu'alors le propriétaire d'un meuble, est dans une situation moins favorable que le locateur d'immeubles, qui a un privilége, sur les objets mobiliers garnissant la maison; puisqu'il ne peut revendiquer la chose entre les mains d'un possesseur de bonne foi (2279). La réponse est facile, et Joly, sur l'article 170 de la coutume de Paris, nous la fournit dans cette idée qui nous a servi à justifier ce droit de suite, à savoir que le locataire en transportant la chose à l'insu du bailleur, « commet en quelque sorte un larcin. » Aussi est-ce à celui dont le meuble a été volé, qu'il faut assimiler le bailleur, en cas de déplacement des objets garnissants; et sauf la différence de délai, nous lui appliquerons aussi, comme nous le disons plus haut, l'art. 2280.

Toutefois, en cas de vente, il faudra voir s'il n'y a pas consentement tacite, de la part du bailleur, comme nous allons le dire.

Si le locataire avait engagé dans un Mont-de-Piété les meubles qui forment le gage du locateur, celui-ci pour exercer sa revendication, devrait rembourser la somme pour laquelle ils ont été mis en gage. En effet, l'art. 70 du réglement du Mont-de-Piété de Paris, sanctionné par un décret du 8 thermidor an 13 (27 juillet 1805) soumet à cette condition la revendication du véritable propriétaire dont les meubles volés ou perdus auraient été ainsi engagés; or, en est-il de même, à plus forte raison, de la revendication du locateur.

La revendication des meubles s'exercerait, même à l'encontre du propriétaire d'une autre maison louée, dans laquelle ils auraient été placés, tant que l'on serait dans le délai fixé par la loi. Mais après, le privilége du premier bailleur serait perdu, et les meubles seraient alors grevés du privilége au profit du second bailleur, par suite de sa possession. La question toutefois paraît difficile. Car si, d'un côté, l'art. 2102 accorde indistinctement au propriétaire le droit de saisir le mobilier qui a été déplacé; d'un autre côté, ce même article donne le privilége au locateur dont l'appartement est actuellement garni. Néanmoins, nous maintenons ce que nous avons dit; car, si les meubles sont devenus le gage du second locateur, ce n'est que sous la condition que le droit de revendication, accordé par la loi au premier, n'aura pas été exercé dans le délai prescrit. C'est comme si l'on avait apporté chez lui des meubles volés, sur lesquels il ne pouvait avoir de droit au préjudice du véritable propriétaire.

Mais le second locateur pourra-t-il exercer son

privilége, aù préjudice des autres créanciers du locataire, après que la saisie revendication aura eu lieu? Nous ne le pensons pas; car par la saisie revendication, les meubles redeviennent le gage exclusif du premier locateur; quant au second, il est dépouillé de tout droit.

Le droit de revendication accordé au bailleur, avons-nous dit, se concilie avec le principe de l'art. 2279, par l'idée d'un déplacement furtif. Aussi, toutes les fois que le bailleur aura consenti à ce déplacement, ce droit ne pourra être exercé. C'est, au reste, ce que dit l'art. 2102, dernier alinéa, « ..... déplacés sans son consentement. » Ce consentement peut-être exprès ou tacite. Ainsi il faudrait considérer comme un consentement tacite la présence du bailleur, lors du déplacement des meubles, ou la connaissance qu'il aurait eue de ce déplacement. Ainsi encore, le consentement devrait se présumer, dans le cas où les objets qui garnissent la maison sont destinés par leur nature, à être déplacés. Le bailleur d'un magasin ne pourrait revendiquer, entre les mains de l'acquéreur, les marchandises qui garnissaient ce magasin. Mais, si les marchandises n'avaient pas été vendues, mais seulement transportées hors la boutique, soit pour ravir le gage du propriétaire, soit pour tout autre motif, elles resteraient soumises au droit de revendication. Il en serait de même si la vente avait été frauduleuse. Au surplus, sur cette question de consentement tacite, il n'est point possible de poser des règles certaines; c'est aux tribunaux à apprécier, d'après les circonstances de fait, s'il doit être présumé.

Le droit de revendication ne pourra non plus être exercé, s'il est écoulé un certain délai, depuis le jour du déplacement. Le délai varie, suivant qu'il s'agit de meubles garnissant une maison ou garnissant une ferme. Au premier cas, la revendication doit être exercée dans le délai de quinzaine; au second cas, dans le délai de quarante jours. Cette différence de délai, empruntée à l'ancienne pratique française, s'explique facilement par cette considération, que le déplacement sera plus aisément pratiqué dans une ferme souvent isolée. Le point de départ du délai est le jour même du déplacement. Mais faudrait-il décider de même si le déplacement n'a été ignoré du bailleur que par suite de manœuvres frauduleuses, concertées entre le locataire et le possesseur actuel? MM. Aubry et Rau soutiennent que dans ce cas, le délai ne commencerait à courir que du jour où le bailleur en aurait été informé, et que l'action ne se prescrirait que par trente ans. Mais M. Valette et beaucoup d'autres, rejettent cette modification et veulent que le délai commence du jour de l'enlèvement des meubles. C'est à cette opinion que nous croyons devoir nous arrêter. En effet, le privilége du locateur repose sur le nantissement; or, ce privilège devrait rigoureusement se perdre, du moment où le locataire cesse d'être nanti des objets qui forment son gage; mais, par une faveur exceptionnelle, la loi lui donne un délai pour revendiquer ces meubles. Mais, pour qu'il ne nuise pas au commerce des meubles, ce délai est restreint à un temps très-limité; c'est donc au bailleur à surveiller son locataire, et s'il le fait avec soin, il s'apercevra facilement des déplacements; d'autant mieux que, soit pour une maison, soit pour une ferme, la nature des objets mobiliers n'en permettra pas facilement un enlèvement occulte.

Le droit de revendication, avons-nous dit, peut toujours être exercé, encore que le possesseur actuel du meuble soit de bonne foi. Mais, pourra-t-il l'être, si les meubles qui garnissent la maison, sont encore suffisants pour la garantie du bailleur? La question est débattue. Pour l'affirmative, on peut tirer argument du texte de la loi, qui, en accordant au bailleur un privilége sur *tout ce qui garnit la maison ou la ferme,* défend par là même de distraire aucune partie de son mobilier. Pour la négative, qui est plus généralement adoptée, on dit que, l'art. 1752 obligeant le locataire à garnir la maison ou la ferme de meubles suffisants, c'est dans cette mesure que doit s'exercer le droit de revendication. Il y aura là une question d'appréciation pour les tribunaux; mais, si l'on interdisait tout déplacement au locataire, ce serait, comme disent si judicieusement MM. Aubry et Rau, « permettre au locateur de faire d'un privilége, uniquement destiné à garantir les intérêts légitimes, et « qui, par cela même, ne doit pas dépasser la mesure « de ces intérêts, un instrument de tracasseries et de « vexations contre le locataire. » C'est, du reste, à cette dernière opinion que s'est rangée la Cour de Cassation (1).

Pour la revendication des meubles, comme pour le

(1) Req. rej. 8 décembre 1806, Sir. 1807, 1-52. — Rouen, 30 juin 1846, Sir. 1847, 2-540.

privilége, il n'y a pas de distinction à faire entre les meubles du locataire et ceux qui, appartenant à des tiers, ont été introduits dans les lieux qu'il occupe.

Nous ne nous sommes occupés, jusqu'à présent, du droit de revendication, que par rapport aux meubles qui garnissent la maison ou la ferme; il faut nous demander maintenant si le droit de revendication peut être exercé à l'égard des fruits. Tout d'abord, laissons de côté le cas où les fruits auraient été vendus ou livrés à un acquéreur de bonne foi. Dans ce cas, en effet, la revendication ne serait plus possible; car le bailleur a tacitement consenti à l'aliénation des fruits qui sont, par leur nature, destinés à être vendus pour payer le canon. Mais, supposons que les fruits ont été déplacés frauduleusement par le fermier sans être vendus, c'est alors que s'élève notre question. Des auteurs pensent que, si les fruits sont déplacés, le droit de revendication n'est plus possible. Ils se fondent sur le texte de l'art. 2102 et sur celui de l'art. 819 du Code de procédure, qui, après avoir dit que le privilége s'exerce sur les fruits comme sur les meubles, ne parlent que des meubles, quand il s'agit du droit de revendication. Quoiqu'il en soit du texte, nous pensons que le droit de revendication sur les fruits est possible. En effet, les fruits sont meubles (520, Code civil), quand ils sont détachés du sol; or, s'ils se trouvent dans la ferme, on peut dire qu'ils la garnissent, et cela d'autant mieux, que c'est pour les abriter que l'on loue les greniers, celliers, etc. « Les greniers et les fenils, par exemple, « dit M. Favard, ne se garnissent pas de meubles « meublants, ils ne sont garnis, suivant leur desti-

« nation naturelle, que par des grains et des foins « qui font partie du mobilier. »

Ce que nous venons de dire s'applique aux fruits qui sont engrangés dans la ferme. Mais, pour les récoltes de l'année, la solution peut changer suivant les cas. En effet, le bailleur a privilége sur ces fruits, tant qu'ils sont en la possession du fermier, alors qu'ils ne seraient pas engrangés dans les lieux loués; mais, dans ce cas, s'ils cessent d'être la possession du fermier, la revendication n'est point possible, puisque le privilége ne repose pas ici sur l'idée de nantissement. Seulement, l'art. 1767 permettrait au bailleur de forcer le fermier à engranger dans la ferme, et il pourrait, en cas de déplacement, exercer son droit de revendication dans les quarante jours, même à l'encontre des tiers de bonne foi. On se demandera peut-être quel intérêt peut avoir cette revendication, puisque le privilége subsistera après le déplacement. L'intérêt est que, à l'expiration de l'année, le bailleur qui perdrait son privilége et qui ne pourrait plus l'exercer, au préjudice des tiers qui auraient acquis la chose de bonne foi, le gardera, grâce à cette revendication.

Si des terres étaient données à ferme sans bâtiment d'exploitation, cette circonstance empêcherait le droit de revendication du propriétaire. En effet, la revendication ne s'applique qu'aux objets mobiliers garnissant la ferme, et nous avons dit plus haut qu'il n'y avait que les maisons d'habitation ou d'exploitation qui pussent être garnies d'objets mobiliers.

Il résulte de tout ce que nous avons dit, que le privilége sur les meubles qui garnissent la maison ou la ferme, disparaît avec la perte de la possession, mais que le bailleur a un certain délai pour agir en revendication. Toutefois, le locateur n'a point, pour cela, le droit de s'opposer à la saisie ou à la vente des meubles de son locataire, provoquée par d'autres créanciers. L'art. 609 du Code pr. civ. lui accorde seulement le droit, quand viendra la distribution du prix, de se prévaloir du privilége que lui accorde l'art. 2102, pour primer les autres créanciers. On peut rapprocher de cette hypothèse prévue par l'article 609, le cas où, un locataire étant en faillite, le syndic a procédé, sans opposition de la part du bailleur, à la vente des meubles du failli. En effet, il est certain que c'est dans l'intérêt de tous les créanciers que le syndic a vendu, et l'on rentre dans le cas de l'art. 2102, qui accorde privilége sur le prix de tout ce qui garnit la maison ou la ferme, sans distinguer pour qui est faite la vente. Le tribunal de première instance des Sables d'Olonne s'était prononcé en sens contraire. Voici quel était son raisonnement : Le privilége du bailleur existe sur le mobilier lui-même, tant qu'il garnit la maison, et non sur de l'argent; par conséquent, il est éteint dès que les meubles ont été retirés de la maison pour être vendus, sauf le droit de revendication que le bailleur peut exercer. Il est vrai que l'art. 2102 dit que le privilége du propriétaire porte sur le prix de tout ce qui garnit la maison ou la ferme; mais cela signifie seulement que le bailleur peut faire vendre ses meubles et exercer son privilége sur le prix. Si la vente a été faite par un autre que lui, sans opposition de sa part, son privilége est anéanti. La Cour de Poitiers a, sur appel, repoussé cette doctrine. Peu importe, a-t-elle dit, que la vente ait été poursuivie ou non par le bailleur lui-même ou par un autre créancier ; tant que le prix n'aura pas été distribué entre les créanciers poursuivants, le bailleur peut former opposition et exercer son privilége. C'est seulement après la distribution du prix entre les créanciers chirographaires que le privilége du bailleur sera éteint (1).

Si les meubles avaient été déplacés, et que, mis dans une autre maison récemment louée au même locataire, les créanciers, autres que le premier locateur, les eussent saisis, le bailleur pourrait, dans le délai, intenter la revendication à l'effet de conserver son privilége sur ces meubles, pour le cas où les poursuites de la saisie seraient déclarées nulles.

---

(1) 4 mars 1863, — Dal. 1863, 2-218.

CHAPITRE VI.

CONCOURS DU PRIVILÉGE DU LOCATEUR AVEC D'AUTRES PRIVILÉGES.

Le privilége du bailleur d'immeubles peut se trouver en conflit avec d'autres créanciers ; quel sera alors le rang qu'il occupera? Pour étudier la question avec ordre, il faut distinguer deux hypothèses. La première est celle où le privilége du bailleur sera en conflit avec les priviléges généraux sur les meubles de l'art. 2101 ; la seconde, celle où il sera en conflit avec des priviléges spéciaux.

Supposons d'abord le privilége du bailleur en conflit avec des priviléges généraux, sera-t-il primé par eux? C'est là la question si controversée de savoir si les priviléges généraux sur les meubles priment les priviléges spéciaux. Sans vouloir nous arrêter longuement à cette discussion, donnons quelques-uns des arguments produits en faveur des différentes opinions. Pour l'affirmative, on peut invoquer l'ordre d'énumération des priviléges, et faire alors remarquer que la loi a commencé par les priviléges généraux. Il est bien vrai que l'art. 2101 n'indique l'ordre de préférence que pour les priviléges dont il parle entre eux ; mais, dit-on, dans le projet du Code, les articles 2101 et 2102 ne formaient qu'un texte, et les priviléges y étaient rangés par ordre de classement; on a scindé le texte, mais l'idée est restée. On peut dire aussi que le rang de préférence, entre créanciers privilégiés, doit se régler par les différentes qualités des créances; or, les priviléges généraux sont fondés sur des considérations d'ordre public ou d'équité, et doivent primer des priviléges d'ordre matériel; la preuve de cela se trouve dans le caractère de généralité, et dans ce fait, que les priviléges généraux priment les priviléges spéciaux sur les immeubles, quand ils sont en conflit avec eux (2105, Code civil).

Pour la négative on répond d'abord, que dans l'énumération des priviléges, il n'y a pas de classement. A la vérité on voulait donner, dans un seul texte, l'énumération et le classement; mais le projet ne mettait avant les priviléges spéciaux, que les frais de justice et les frais funéraires; les priviléges spéciaux venaient après; et enfin les autres priviléges généraux. Or, le Code n'a point reproduit cette disposition; il a fait une distinction pour procéder avec ordre. On ajoute ensuite que le caractère de généralité ne prouve rien, qu'il s'explique facilement par cette idée, qu'il n'y a pas de raison de faire porter les priviléges sur tels objets mobiliers plutôt que sur tels autres. Quant à l'art. 2105, l'argument que l'on en tire est sans valeur. Car les priviléges généraux n'étant point très-considérables et ne s'exerçant que subsidiairement sur les immeubles, il n'y a pas d'inconvénient sérieux à les en frapper. Ajoutons encore, que ce classement était celui de l'ancien droit français, celui du projet de Code, et que rien n'autorise à croire que l'on s'en soit écarté. Enfin les priviléges spéciaux sont bien préférables, car ils sont fondés sur l'idée de nantissement ou sur l'idée que le créancier a mis dans le patrimoine, la chose sur laquelle porte le privilége.

Cette dernière opinion nous semble la meilleure. Nous dirions donc que les priviléges généraux ne priment point les priviléges spéciaux, à moins que la cause qui leur a donné naissance, n'ait profité aux créanciers ayant privilége spécial. En conséquence, le privilége du bailleur, en conflit avec des priviléges généraux, les primera tous, à l'exception des frais de justice et des frais funéraires; car les premiers ont dû profiter à tous les créanciers, et les seconds parce qu'ils reposent sur une raison d'ordre public évidente. Toutefois, en cequi to uche les frais de justice, ils ne primeront le privilége du bailleur que s'ils lui ont profité. Aussi l'art. 662 du Code de procédure civile, dit-il que les frais de poursuite seront prélevés par privilége, avant toute créance *autre que celle pour loyers dus au propriétaire.* C'est qu'en effet il peut se faire payer par la voie de la saisie-gagerie. Par frais de poursuites, on entend les frais de justice qui n'ont pour objet que la poursuite en contribution. Ces frais peuvent être ordinaires; ce sont ceux qui ont lieu en toute contribution, par ex : les vacations pour requérir le juge commissaire, etc : ou extraordinaires, ce sont ceux occasionnés par les incidents, tels sont ceux faits par le plus ancien des opposants cité à comparaître en référé devant le commissaire, dans le cas de l'art. 661 etc. Ces derniers ne peuvent être colloqués par privilége, que s'il en a été ainsi ordonné par le jugement qui a statué sur l'incident.

Que décider au sujet des frais de scellés et d'inventaires? Primeront-ils le bailleur? Il est certain qu'ils ne primeraient pas le créancier gagiste ou le voiturier; parce qu'étant en possession de la chose atteinte par le privilége, ils n'ont besoin pour la conserver, ni des frais de scellés, ni de l'inventaire. Mais en sera-t-il de même du privilége du bailleur? Cette question divise les auteurs et la jurisprudence. Trois systèmes sont en présence. Les deux premiers sont radicalement opposés l'un à l'autre; le troisième, que nous adoptons, distingue, si les frais de scellés ou d'inventaire ont ou non profité au bailleur.

Il nous faut supposer maintenant, le privilége du bailleur en concours avec d'autres priviléges spéciaux sur les meubles; quel sera alors son rang? Il sera d'abord primé par le privilége pour frais de semences et de récoltes, et par celui pour frais d'ustensiles. Le privilége accordé au fournisseur de semences ne doit pas être confondu avec celui de l'art. 2102, n° 4. En effet, le vendeur d'objets mobiliers non payés n'a privilége sur les obbjets mobiliers vendus, qu'autant qu'ils sont dans le même état. Le vendeur de semences au contraire, exercera son privilége, non pas sur les semences, mais sur les récoltes. Quant aux frais de récolte, il faut entendre par là tout ce qui peut être dû aux laboureurs, ouvriers, moissonneurs. En effet, c'est grâce à eux que la récolte peut servir de gage au bailleur, il est donc bien naturel qu'ils le priment. Toutefois, il ne faut rien exagérer, et c'est avec raison que la Cour de Cassation n'a pas fait rentrer sous le terme général « frais de récolte » la réparation des instruments aratoires. Une créance pour cette cause serait bien privilégiée, mais comme réparation d'ustensiles, et seulement sur le prix de ces ustensiles.

Faut-il comprendre dans les frais de récolte, la créance des vendeurs d'engrais? Les expressions de la loi qui restreignent le privilége aux sommes dues pour semences et frais de la récolte, ont amené la jurisprudence à décider la négative. Des auteurs ont critiqué avec raison cette décision et enseignent qu'il faut entendre par les mots « frais de récolte, » tout ce qui a été nécessaire, soit pour la faire naître, soit pour la recueillir; et c'est à ce titre que la créance pour engrais devrait être privilégiée, comme l'était dans l'ancien droit et comme doit l'être encore depuis, en dépit de la jurisprudence, la créance de labours.

Quant au privilége relatif aux ustensiles, il comprend les sommes dues pour l'acquisition et la réparation de ces ustensiles, servant à l'exploitation des fonds. Ce privilége ne se confondra pas plus que le précédent, avec celui de l'art. 2102, 4°; car celui-ci suppose un vendeur, et ici la simple créance pour réparations sera privilégiée, et en outre elle ne sera pas restreinte au prix de la chose même vendue.

Ces deux priviléges portent sur des objets spécialement déterminés. Le premier, ne frappe que la part de la récolte de l'année, le second, celui des ustensiles; en conséquence, le jugement qui étendrait ces priviléges, pourrait être cassé par la Cour suprême.

En dehors de ces deux priviléges, il en est d'autres, réglés par des lois particulières, et qui priment également en totalité ou en partie, celui du bailleur d'immeubles. Examinons ces lois spéciales.

A. *Privilége pour le recouvrement des contributions directes.* — La loi du 11 Brumaire an VII (1er novembre 1798) accordait déjà un privilége à l'Etat, sur les immeubles des redevables, pour une année échue et une année courante. La loi du 12 novembre 1808, a étendu ce privilége, borné d'abord à une seule des contributions directes. L'art. 1 de la loi, est ainsi conçu : « Le privilége du Trésor public, « pour le recouvrement des contributions directes, est « réglé ainsi qu'il suit, et s'exerce avant tout autre : « 1° Pour la contribution foncière de l'année échue « et de l'année courante, sur les loyers, fruits, récol- « tes et revenus des biens immeubles, sujets à con- « tribution. 2° Pour l'année échue et l'année courante, « des contributions mobilières, des portes et fenê- « tres, des patentes et de toute autre contribution « directe et personnelle, sur tous les meubles, et « autres effets mobiliers, appartenant aux redevables « en quelque lieu qu'ils se trouvent. » Il résulte de ce texte, que la loi divise les différentes contributions en deux classes ; et il faut remarquer que les objets grevés du privilége seront différents, suivant qu'il s'agira de l'une ou l'autre contribution.

Ce privilége, dit la loi, s'exerce avant tout autre. Il primera donc le privilége particulier du locateur, s'il n'a pris naissance qu'après celui du Trésor. Ce privilége est tantôt plus, tantôt moins étendu que celui du locateur. Il est moins étendu pour les contributions foncières, puisqu'il est restreint aux fruits et récoltes ; il est plus étendu pour les autres contributions directes, puisqu'il atteint les meubles en quelque lieu qu'ils soient.

On a critiqué le rang de la préférence accordé à ce privilége, nous ne reproduirons pas ces critiques, il nous suffit de constater leur existence.

B. *Privilége pour les droits et amendes en matière de timbre.* — La loi des finances du 28 avril 1816 a étendu, aux droits de timbre, et aux amendes pour contravention, qui y sont relatives, le privilége établi par la loi du 12 novembre 1808 pour les contributions directes. L'art. 76 porte en effet : « Le recou-« vrement des droits de timbre, et des amendes de « contraventions y relatives, sera poursuivi par voie « de contrainte... En cas de décès des contrevenants, « les dits droits et amendes seront dûs par leurs suc-« cesseurs, et jouiront soit dans les successions, « soit dans les faillites, ou tous autres cas, des privi-« léges des contributions directes. »

C. *Privilége de la Régie des Douanes.* — La régie des Douanes, a sur les meubles des redevables, un privilége pour le recouvrement des droits d'enregistrement et de sortie, dans les relations de la France avec les peuples voisins. Ce privilége est établi par l'art. 22 du titre XIII de la loi des 6, 22 août 1791. Il est ainsi conçu : « La régie aura pri-« vilége et préférence à tous autres créanciers, sur les « meubles et effets mobiliers des comptables, pour « leurs débets, et sur ceux des redevables pour les « droits, à l'exception des frais de justice et autres « privilégiés, de ce qui sera dû pour six mois de « loyer seulement, et sauf aussi la revendication « dûment formée par les propriétaires des marchan-

« dises qui seront encore sous balle, ou sous « corde...... » Une autre loi du 4 germinal an II (24 mars 1794) relative au commerce maritime et aux douanes, a confirmé ce privilége en ces termes : « La « République est préférée à tous créanciers, pour « droits, confiscations, amendes et restitutions, avec « contrainte par corps (Titre VI art. 4). »

Le privilége sur les biens des comptables, dont parle l'art. 22 de la loi des 6, 22 août 1791, a été supprimé par la loi du 5 septembre 1807, et l'on a soutenu que celui sur les biens des redevables avait eu le même sort. Mais cette opinion est abandonnée aujourd'hui, et l'existence du privilége de la douane, est affirmée par la loi du 28 avril 1816, dans l'art 58. Ce privilége, porte sur la généralité des meubles et effets mobiliers des redevables, et s'étend aux effets mobiliers de leurs cautions solidaires.

La créance de la régie des douanes, est préférée à toutes autres créances, à l'exception de celle pour frais de justice, et autres privilégiées, (par ces mots il faut entendre ces créances, qui, dans l'ancien droit étaient, comme les frais de justice, garanties par un privilége général sur les meubles, les frais funéraires, les frais de dernière maladie, et dans certaines limites, les gages des gens de service), et à l'exception du locateur pour six mois de loyers seulement. Remarquons ici que la présence de la régie produira ce singulier résultat, de permettre au locateur de passer pour six mois de loyers avant certains créanciers privilégiés, qui, sans cette circonstance, le primeraient ; tels sont les créanciers privilégiés pour fourniture de semences et les créances pour ustensiles. Aussi, pour que les autres créanciers ne souffrent pas de cette anomalie, le bailleur, devra donner caution de leur restituer ce qui lui aurait été alloué à leur préjudice.

D. *Privilége des contributions directes.* — La régie des contributions a aussi, sur la totalité des meubles et effets mobiliers des redevables, un privilége pour le recouvrement des droits dus. C'est l'art. 47 du 1er Germinal, an XIII, qui l'a établi. Il est ainsi conçu : « La régie aura privilége et préférence, sur « les meubles et effets mobiliers des comptables, « pour leurs débets ; et sur ceux des redevables, « pour les droits, à l'exception des frais de justice, « de ce qui sera dû pour six mois de loyer seulement, « et sauf aussi la revendication, dûment formée par « les propriétaires des marchandises en nature qui « seront encore sous balle ou sous corde. »

Ce privilége s'étend, comme celui de la douane, au mobilier des cautions des redevables.

En dehors de ces quatre priviléges, sur le rang desquels il n'y peut y avoir de doute, puisqu'il est réglé par des lois particulières, le privilége du locateur peut se trouver en concours avec d'autres priviléges ; notamment ceux de l'art. 2102 ; c'est alors surtout que se pose la question de savoir, quel est le rang du privilége du bailleur en concours avec d'autres priviléges.

Pour résoudre cette question, il faut partir de de cette idée, que la faveur plus ou moins grande qui s'attache au privilége, doit être appréciée d'après la cause qui lui sert de fondement. Or on peut ramener à trois, les causes sur lesquelles reposent les privi-léges spéciaux.

1° La mise dans le patrimoine du débiteur, de la chose sur laquelle s'exerce le privilége.

2° La conservation des objets mobiliers.

3° La détention fondée sur un nantissement exprès ou tacite.

De ces trois causes, la dernière nous semble pré-férable. En effet, l'art. 2102 n°, 4, alinéa 3, en disposant que le privilége du vendeur ne s'exerce qu'après celui du locateur, à moins que celui-ci n'ait su que le prix des objets apportés dans la ferme, ou dans la maison louée était encore dû, montre clairement, qu'en fait de meubles la faveur dûe à la propriété, doit fléchir devant la détention de bonne foi, fondée sur un nantissement exprès ou tacite.

Le locateur primerait également, les priviléges qui auraient leur cause dans la conservation de la chose; c'est un bénéfice accordé à sa bonne foi. Toutefois, si les frais de conservation étaient postérieurs à l'établissement du nantissement, la créance née de cette cause, devrait primer celle du locateur; car elle lui profiterait.

En résumé, sans nous occuper des lois particulières dont nous avons parlé, voici quel serait le rang du privilége du bailleur d'immeubles, en concours avec des priviléges généraux ou spéciaux.

1° Créance des frais de justice.

2° id des frais funéraires.

3° Créance de la conservation de la récolte ou d'objets mobiliers.

4° Créance des frais de semences, de récoltes et d'ustensiles.

5° Créance du locateur.

Nous avons terminé l'étude de l'art. 2102, 1° ; il nous reste maintenant à traiter, dans un chapitre spécial, du privilége du bailleur d'immeubles, en cas de faillite.

CHAPITRE VII.

DU PRIVILÉGE DU BAILLEUR EN CAS DE FAILLITE.

L'art. 2102, 1°, ne distingue pas, pour son application, entre le cas où la liquidation des biens du locataire a lieu par suite de sa faillite, ou de toute autre cause; dans toute hypothèse, le bailleur exercera son privilége. Mais, en cas de faillite, l'application de l'art. 2102 telle que la faisait la jurisprudence de la Cour de Cassation, était si désastreuse pour les autres créanciers et si scandaleusement profitable au bailleur, que le législateur a dû intervenir. Il l'a fait par la loi du 19 février 1872. Mais avant de l'étudier dans ses causes et ses dispositions, recherchons quelle est la nature de la créance du bailleur; est-elle, ou non, une créance à terme?

Plusieurs réponses ont été faites à cette question. M. Thiercelin (1) a répondu, que la dette du locataire envers le propriétaire, ne naissait qu'avec sa propre cause, qui est la prestation quotidienne de la jouissance; que le contrat de louage n'engendrait que des *obligations successives*.

M. Mourlon (2) a prétendu que la dette des loyers

(1) Revue critique de la jurisp. en mat. civile, t. 30 (1867).

(2) Dalloz, Recueil périodique, 1865-1-201.

n'était qu'une dette sous condition suspensive, et qui ne prenait naissance qu'à l'échéance de chaque terme de loyers.

M. Desjardins (1), et c'est à son opinion que nous nous rangeons, a soutenu que la dette du locataire était une dette à terme. Et en effet, le louage chez les Romains, comme sous le Code civil, a toujours été considéré comme un contrat consensuel, donnant naissance à deux obligations corrélatives, consistant l'une, de la part du bailleur, à fournir la chose louée et en assurer la jouissance; l'autre, de la part du locataire, à payer le prix : or, il faut conclure de là, que dans le louage, comme dans tout contrat synallagmatique, l'obligation de l'un est la cause de l'obligation de l'autre; et si c'était l'exécution du contrat par le bailleur, qui fît naître l'obligation du preneur, le contrat ne se formerait pas par le simple accord des parties sur la chose et sur le prix; mais il n'aurait d'existence qu'au moment de l'exécution de l'engagement. En un mot, le contrat se formerait à l'égard du locataire *re*, et non pas *consensu*. Or, il n'en peut être ainsi, en présence de la définition de l'art. 1709 : « Le louage des choses est un contrat, « par lequel l'une des parties s'oblige à faire jouir « l'autre d'une chose, pendant un certain temps, et « moyennant un certain prix, que celle-ci s'oblige à « lui payer. »

On invoque, il est vrai, l'art. 586, Cod. civ., qui dit que l'usufruitier acquiert *les fruits jour par*

(1) Revue critique de la jurisp. en mat. civ., t. 29 (1866).

jour. Mais cet article ne règle pas les rapports de propriétaire à locataire, et il existe pour empêcher que les droits d'un usufruitier soient restreints aux loyers ou fermages touchés ou du moins échus. Mais voilà tout ce qu'il veut dire.

On objecte aussi, que le législateur a mis les risques, à la charge du locateur (art. 1722, 1769, C. civ.), et qu'il a bien montré par là, que l'obligation du locataire n'existait que si celle du locateur était remplie. Mais ces dispositions, ne sont-elles pas fondées plutôt sur l'intention des parties, qui n'ont pas voulu mettre tous les risques à la charge exclusive de l'une d'elles? Mais, si l'argument que l'on invoque, était puissant, comment comprendrait-on que les art. 1772 et 1773 permissent aux parties, de mettre à la charge du preneur, tous les risques, même ceux provenant de cas fortuits extraordinaires? Comment! le locataire supportera les cas fortuits; il se trouvera privé de la jouissance des lieux loués; néanmoins il devra payer les loyers; et il n'y aurait pas là une obligation sans cause? Et cependant la loi ne l'a pas voulu. La conséquence à tirer, est donc que l'obligation du preneur est à terme. Cette opinion a été confirmée par la jurisprudence (1).

Mais, de ce que la créance du bailleur est à terme, faut-il en conclure que la faillite rendra immédiatement exigibles tous les loyers à échoir? La Cour de

(1) Cas., 28 mars 1865. — D. P., 1865-1-201. — Orléans, 5 août 1865. — D. P., 1865-2-136. — Cas., 15 juillet 1868. — D. P., 1872-1-95. — Cas., 16 février 1870. — D. P., 1870-1-281.

Cassation, se fondant sur l'art. 1188 du Code civil, et sur l'art. 444 du Code de commerce, a décidé l'affirmative. Voici au surplus le texte de l'arrêt :

« Attendu, en droit, qu'aux termes des art. 1188 du Code Napoléon, et 444 du Code de commerce, le débiteur ne peut, en cas de faillite, invoquer le bénéfice du terme ; qu'il résulte de cette règle, que le propriétaire bailleur a le droit de réclamer de son locataire failli, non-seulement les loyers échus, mais encore ceux à échoir ; et que si la somme nécessaire pour le remplir du montant de cette créance, n'est pas payée, ou au moins consignée, il est fondé à se prévaloir du privilége de l'art. 2102......... que si l'art. 2102, par un motif d'équité et en dehors des règles du contrat de louage, accorde aux créanciers en concours avec le propriétaire, la faculté de relouer, pour le temps correspondant aux loyers à échoir dont le propriétaire aurait été payé, ce n'est que pour les indemniser de ce paiement qui, en tout cas, doit être fait par préférence et anticipation ;

« Casse l'arrêt rendu par la Cour de Paris, le 26 juin 1863. »

Cette décision de la Cour suprême nous semble sujette à critique, et quant à nous, nous ne l'admettons pas. Avant de faire avec la Cour, application des art. 1108 C. civ. et 444 C. com., il est bon de rechercher pour quels motifs ils prononcent la déchéance du terme qui existait au profit du débiteur. Or, il est certain, que c'est parce que sa situation personnelle a changé, et n'offre plus toutes les garanties qu'elle présentait tout d'abord. Mais s'il en est ainsi, cette raison ne peut être donnée, quant à ce qui est des rapports du locataire avec le bailleur; et sa situation ne sera point changée, en tant que créancier privilégié, si les sûretés qui lui étaient données, sont maintenues. En autres termes, le bailleur pourra bien invoquer la faillite, à l'effet d'être payé par préférence à la masse, sur le prix des biens, s'ils sont vendus à la requête des syndics; mais il ne pourra pas l'invoquer, à l'effet d'entamer des poursuites individuelles; car pour lui, il n'y a pas de faillite, du moment où son gage n'est pas diminué, et ses sûretés compromises.

Aussi, la faillite pouvant se terminer de différentes manières, il en résulte, que plusieurs hypothèses peuvent se présenter, qu'il nous faut étudier.

Si le failli d'abord, obtient un concordat, le bailleur en tant que privilégié, n'a pas à se plaindre; car les meubles restent dans la maison, et la faillite n'a point diminué le gage. Mais s'il n'était point payé des termes échus, il lui serait permis d'user des voies d'exécution, que la loi lui donne.

Si la faillite se termine par l'état d'union, et que les meubles du locataire soient vendus en détail par les syndics; alors il faudra appliquer l'art. 2102 et colloquer par privilége le bailleur, pour les loyers à échoir, en cas de bail ayant date certaine.

Enfin, il peut arriver que le fonds de commerce soit vendu en bloc à un tiers, auquel, en même temps, on aura cédé le bail. Dans ce cas, que décider? Pour soutenir que le bailleur peut exercer son privilége, dans les termes de la loi, on peut dire qu'il y a vente des meubles garnissant la maison louée, et que l'art. 2102, 1°, accorde le privilége, *sur le prix de tout ce qui garnit la maison.* Mais nous croyons qu'il est plus exact de dire, que le bailleur ne peut pas l'exercer, si le contrat, soit par son silence, soit par une clause expresse, autorise le preneur à céder son bail. Car, alors, les sûretés ne sont point diminuées; il y a simplement, la substitution d'un locataire à un autre. Mais, si le bail interdit la cession, les créanciers puisant leur droit de relocation dans l'art. 2102, 1°, ne peuvent l'exercer qu'à la condition de subir le prélèvement que le bailleur est autorisé à opérer, aux termes de la loi.

C'est donc à tort, suivant nous, que la Cour de Cassation, partant du principe que la dette du preneur est une dette à terme, tirait la conséquence, qu'en cas de faillite elle devient immédiatement et dans tous les cas exigible. C'est à tort aussi, que par son arrêt du 4 janvier 1860 (1), elle décidait que le bailleur pouvait à son gré, en cas de faillite, demander la résiliation du bail, quand son gage demeure intact. Il peut être vrai, que quand un propriétaire loue son immeuble à un individu, la solvabilité personnelle du preneur est souvent une raison déterminante du contrat; et que malgré le concordat, la faillite porte atteinte à cette solvabilité; mais nulle part, la loi ne donne à la faillite, une semblable conséquence; et tant que le gage est intact, et que le locataire satisfait à ses obligations, il faut reconnaître que le bailleur ne peut obtenir la résiliation du bail, par cela seul qu'il y a faillite.

(1) Dev., 1860-1-17.

La jurisprudence, malgré toutes les critiques qui s'élevèrent contre elle, resta inébranlable dans l'application qu'elle avait faite de la loi. Mais elle produisit les effets les plus déplorables, pour les faillis et la masse des créanciers. Le propriétaire ayant le droit de se faire payer, par privilége, tous les loyers à échoir, absorbait à lui seul tout l'actif. Dès lors les concordats étaient impossibles, et ainsi la ruine du failli et des créanciers ne profitait qu'au propriétaire, qui touchait immédiatement la somme totale des loyers à échoir, qu'il pouvait capitaliser. Quelques arrêts, pour éviter cet enrichissement inique du bailleur, avaient décidé que l'on consignerait tous les loyers à échoir, et que le propriétaire ne toucherait, qu'au fur et à mesure de l'échéance, les termes du loyer. Mais cela était insuffisant. Aussi sous la pression de l'opinion publique et des réclamations des commentateurs, des publicistes et des magistrats eux-mêmes qui étaient chargés d'assurer l'exécution de la loi, le gouvernement présenta, le 28 décembre 1867, un projet de loi destiné à faire disparaître les inconvénients de la jurisprudence. Mais l'empire disparut avant que la loi ne fût votée.

Le 7 avril 1871, M. Courbet-Poulard demanda à l'Assemblée nationale, la réduction du privilége du propriétaire d'immeubles affectés à un usage industriel et commercial; et le 19 février 1872, l'Assemblée vota la loi dont nous rapportons ici la teneur.

Art. 550. C. com. nouveau. « L'art. 2102 du Code civil est ainsi modifié, quant à la faillite :

« Si le bail est résilié, le propriétaire d'immeubles affectés à l'industrie ou au commerce du failli, aura privilége, pour les deux dernières années de location échues avant le jugement déclaratif de la faillite; pour l'année courante, pour tout ce qui concerne l'exécution du bail et les dommages-intérêts, qui pourront lui être alloués par les tribunaux.

« Au cas de non résiliation, le bailleur une fois payé de tous les loyers échus, ne pourra pas exiger le paiement des loyers en cours ou à échoir, si les sûretés qui lui ont été données lors du contrat sont maintenues, ou si celles qui lui ont été fournies depuis la faillite, sont jugées suffisantes.

« Lorsqu'il y aura vente et enlèvement des meubles garnissant les lieux loués, le bailleur pourra exercer son privilége comme au cas de résiliation ci-dessus, et en outre pour une année à échoir, à partir de l'expiration de l'année courante; que le bail ait ou non date certaine.

« Les syndics pourront continuer ou céder le bail, pour tout le temps restant à courir, à la charge par eux ou leurs cessionnaires de maintenir dans l'immeuble gage suffisant, et d'exécuter au fur et à mesure des échéances, toutes les obligations résultant du droit ou de la convention; mais sans que la destination des lieux puisse être changée.

« Le privilége et le droit de revendication établis par le n° 4 de l'art. 2102 du Code civil, au profit du vendeur d'effets mobiliers, ne peuvent être exercés contre la faillite.

Art. 2. « La présente loi ne s'appliquera pas aux baux qui, avant la promulgation, auront acquis date certaine.

Toutefois le propriétaire qui en vertu des dits baux

a privilége pour tout ce qui est échu et pour tout ce qui est à échoir, ne pourra exiger par anticipation les loyers à échoir, s'il lui est donné des sûretés suffisantes pour en garantir le paiement. »

C'est cette loi qu'il nous faut étudier maintenant.

§ I. *Dans quel cas s'applique la loi nouvelle?*

Il résulte formellement d'abord du texte, qu'elle ne s'applique qu'en cas de faillite. Pour le cas de déconfiture, le droit commun de l'art. 2102 conserve son empire. Il en sera encore de même, si le preneur commerçant a obtenu un contrat d'atermoiement. Ce qui peut faire doute, c'est que la doctrine et la jurisprudence admettent, que toutes les règles de la faillite, doivent s'appliquer dans une liquidation par suite d'atermoiement ; et alors, on peut être tenté de réduire le privilége. Cependant, le texte est trop précis pour qu'on l'étende à cas. Il est vrai qu'au sein de la commission, on a objecté, que les créanciers du locataire auraient alors intérêt, à faire déclarer sa faillite ; mais la majorité de la commission a écarté l'objection, en considérant qu'en fait, la réalisation de l'actif d'un commerçant sera toujours aecompagnée ou suivie d'une déclaration de faillite ; et que d'autre part, il ne faut pas subordonner aux prétentions exorbitantes du propriétaire, les droits des créanciers, qui en conséquence feront bien de faire déclarer la faillite, si le propriétaire se montre trop exigeant.

Il résulte aussi du texte, que la loi nouvelle n'est pas applicable, qu'au propriétaire d'immeubles, affectés à l'industrie ou au commerce du failli. Il faut y ajouter les locaux dépendant de ces immeubles et servant à l'habitation du failli et de sa famille. Car quoique l'art. 550 n'en fasse pas mention l'art. 450 du Code de commerce qui a été également modifié par la loi du 19 fév. 1872, et dont nous parlerons, ne peut laisser de doutes à cet égard. Ainsi la loi nouvelle ne s'applique qu'aux immeubles affectés à l'industrie et au commerce du failli ; sans distinguer entre les magasins ou les ateliers, et les locaux y attenant, qui servent à l'habitation du failli et de sa famille.

Dans l'étude du projet de loi, plusieurs membres de la Commission demandaient, que la loi s'appliquât, à tous les baux faits par un commerçant, que les immeubles fussent ou non affectés à l'exercice de son commerce, ou de son industrie. Mais la majorité repoussa cette opinion. « Lorsque les lieux loués, sont « affectés pour un commerçant, à l'exercice de son « commerce ou de son industrie, disait M. Delsol, dans « son rapport, la réduction se comprend et se justifie. « C'est en effet, en vue de ce commerce ou de cette « industrie, que les créanciers ont fait confiance au « débiteur ; c'est dans ces locaux que les marchan- « dises sont entrées ; et lorsque le conflit vient « à éclater entre eux et le propriétaire, il est tout « naturel que les marchandises, livrées par eux et « non payées par le locataire, ne deviennent pas le « gage exclusif du bailleur. » Plus loin, il ajoute, que la réduction n'a jamais été réclamée, ni par les jurisconsultes, ni par l'opinion publique, pour d'autres locations que celles d'immeubles affectés au commerce ou à l'industrie du failli. Et enfin il expose que quant aux locaux attenant à la maison de commerce et consacrés à l'habitation du failli, n'étant que l'accessoire de l'immeuble où s'exploite le commerce, la commission n'a pas dû leur appliquer de règles différentes.

Les motifs de la loi nous conduisent à décider, qu'en cas de faillite des commerçants qui n'ont, ni magasins, ni ateliers ; tels que les armateurs, les banquiers, d'autres encore, le privilége du locateur sera régi par le droit commun. C'est en vain que l'on argumenterait du texte de la loi, qui parle d'une façon générale, *des immeubles affectés, au commerce ou à l'industrie du failli ;* et que l'on veut faire rentrer dans cette classe les *bureaux* de ces commerçants. La loi doit s'expliquer par ses motifs ; or nous les connaissons ; et ils commandent la solution que nous donnons.

La loi n'exige pas, que les immeubles destinés au commerce, et les locaux servant à l'habitation du failli, et dépendant de ces immeubles, soient loués par un seul et même bail. Concluons de là, que la restriction du privilége s'appliquera, alors même que le bail des locaux d'habitation serait postérieur au bail des immeubles destinés au commerce, ou réciproquement.

Le privilége, n'étant restreint par l'art. 550, Cod. de Com. nouveau que dans les cas que nous avons énumérés, il faudra pour tous les autres, appliquer l'art. 2102. Ainsi, le bailleur d'un immeuble, où le failli et sa famille auront leur habitation personnelle, séparée des magasins ou ateliers, le bailleur d'une maison de campagne, auront le privilége tel que l'établit l'art. 2102. Il ne résultera pas de ces règles diverses, de difficultés sérieuses dans la pratique, au point de vue de la liquidation ; puisque le privilége ne porte que sur les meubles qui garnissent les lieux loués.

La loi du 19 février 1872 ne distingue plus si les baux sont authentiques au sous seing privé, et s'ils ont ou non date certaine.

§ 2. *Dans quelle mesure est privilégiée la créance du bailleur.*

L'étendue du privilége du bailleur variera, suivant que le bail sera ou non résilié. Il nous faut donc examiner successivement ces deux hypothèses.

A. Le bail est résilié. — Dans ce cas, dit la loi, « le propriétaire d'immeubles affectés à l'industrie ou au commerce du failli, aura privilége, pour les deux dernières années de location échues avant le jugement déclaratif de la faillite; pour l'année courante; pour tout ce qui concerne l'exécution du bail; et les dommages-intérêts qui pourront lui être alloués par les tribunaux. »

Avant d'analyser ce texte, disons comment peut se produire la résiliation. Un point certain d'abord, c'est que le seul fait de la faillite n'entraîne pas la résiliation de plein droit, aucun texte de loi ne mentionnant cette clause de résiliation. Mais la faillite autorise-t-elle le bailleur à faire prononcer la résiliation? De très-bons esprits l'ont pensé; et comme nous l'avons dit, la Cour de cassation a adopté cette manière de voir. La loi nouvelle, dans l'art. 450, C. com. nouveau, a formellement consacré le principe contraire, n'admettant la résiliation, que lorsque le propriétaire peut craindre que le locataire ou ses ayant cause ne soient point payés des loyers, au jour de l'échéance. Aussi, s'il reste dans les lieux loués des meubles qui les garnissent, le contrat sera maintenu. Ainsi en cas de faillite, le propriétaire (et jamais le syndic ou le failli, car la rupture du contrat vient de la faute du preneur), pourra *demander* la résiliation, qui ne devra être prononcée que s'il existe des causes de résiliation antérieures à la demande; si, par exemple, le locataire n'a pas exécuté le contrat, s'il n'a pas payé les loyers échus, etc.

La demande en résiliation ne pourra pas être formée, immédiatement après le jugement déclaratif de faillite. Les syndics doivent d'abord déclarer au propriétaire, leur intention de continuer le bail, à la charge de satisfaire à toutes les obligations du preneur. Ils ont pour cela, un délai de huit jours, à partir de l'expiration du délai de l'art. 492; et c'est dans les quinze jours après la notification, que sera formée la demande en résiliation; sinon le propriétaire renonce à se prévaloir des causes de résiliation déjà existantes. (Art. 450, C. com. nouveau).

Et maintenant que nous savons quand il y aura lieu à résiliation, revenons au texte. Il accorde d'abord privilége, pour les deux dernières années de location. Il faut remarquer, que le privilége pour le passé est limité à deux années échues; que le bail soit authentique au sous seing privé, avec ou sans date certaine. Les deux années échues sont celles qui sont échues avant le jugement déclaratif de faillite. Elles doivent être comptées, en prenant pour point de départ la date du contrat. Ainsi le bail a commencé le 1er avril 1867, et la faillite a été déclarée le 1er juillet 1870; les deux dernières années échues sont celles qui vont du 1er avril 1868 au 1er avril 1869, et du 1er avril 1869 au 1er avril 1870. Pour les autres années échues, le preneur sera simplement créancier chirographaire, et viendra à la faillite comme les autres créanciers.

Cette restriction à deux années dans le passé, a été inspirée par l'art. 2151 du Code civil, qui limite à ce temps l'effet de l'hypothèque, comme garantie des arrérages aux intérêts d'un capital. Elle se fonde sur deux motifs : le premier, que le bailleur en ne poursuivant pas plus tôt le paiement des loyers, rend un très-mauvais service à son locataire, dont la faillite sera d'autant plus désastreuse, qu'elle aura existé plus longtemps à l'état latent; le second, qu'il ne faut pas que les créanciers du locataire soient victimes d'un privilége trop étendu, alors qu'ils avaient lieu de croire la créance éteinte.

L'article accorde en outre, privilége pour l'année courante. Elle se calculera, comme nous avons dit, en prenant pour point de départ la date du contrat. Mais, s'agit-il ici de l'année courante entière, ou seulement d'une fraction de l'année? La question peut être controversée, comme elle l'est, dans l'art. 2151. Mais, lors de la deuxième délibération de la loi, le rapporteur M. Delsol n'entendait point parler d'une année entière, mais seulement d'une fraction d'année, quand il disait que l'article « accorde au propriétaire, un privilége pour deux années échues, l'année courante *jusqu'au moment de la résilia-*

tion. » Ces paroles nous donneront la solution d'une hypothèse, qui n'a été prévue ni par le législateur, ni par les membres de la commission. Voici cette hypothèse : supposons le bail commencé au 1er avril 1869, et le jugement déclaratif de faillite survenu le 25 mars 1871; les deux années échues et qui seront privilégiées, sont celles qui se placent entre le 1er avril 1868 et le 1er avril 1870; l'année courante sera celle qui s'écoulerait du 1er avril 1870 au 1er avril 1871. Or, à cette époque, la résiliation du bail peut n'être pas jugée, car les délais de l'art. 450 nouveau ne sont pas expirés. Il faudra donc accorder le privilége pour l'année courante, à partir du 1er avril 1870 jusqu'au jour de la résiliation du bail. Ce qui prouve que, par ces mots *l'année courante*, il faut entendre tout le temps compris entre l'expiration des deux années antérieures à la faillite, jusqu'au jour de la résiliation du bail; alors même, qu'en fait, il y aurait plus d'une année. Cette interprétation nous semble fort juste, car le bail a continué malgré le propriétaire jusqu'à la résiliation; et l'on ne pourrait comprendre, que pour tout ce qui excéderait l'année courante, il fût payé en monnaie de faillite.

Le premier alinéa de l'art. 550 nouveau du Code de commerce (L. du 19 février 1872) accorde, en troisième lieu, au bailleur, en cas de résiliation du bail, privilége pour tout ce qui concerne l'exécution du bail. Il faut appliquer ici, tout ce que nous avons dit en commentant l'art. 2102.

Enfin, le bailleur a privilége *pour les dommages-intérêts qui pourront lui être alloués par les tribunaux*. Cette rédaction fut critiquée, lors de la seconde délibération, comme excluant les dommages-intérêts qui pourraient avoir été fixés par une convention. Aussi, M. Ganivet, proposait-il d'ajouter au texte présenté par la commission : « *Pour tout ce qui concerne l'exécution du bail et les dommages-intérêts.* » Mais M. Delsol, rapporteur, répondit que l'addition proposée rentrait dans les idées de la commission, et que les dommages fixés par une convention spéciale étaient suffisamment compris dans les mots « *tout ce qui concerne l'exécution du bail.* »

L'art. 550 nouveau du Code de commerce n'accorde pas expressément, comme l'art. 2102, privilége pour les réparations locatives. Mais il résulte du rapport lui-même et de la discussion, qu'elles doivent figurer parmi les dommages-intérêts.

B. Le bail n'est pas résilié. — La loi distingue alors, suivant que les sûretés qui ont été données au bailleur lors du contrat, sont ou non maintenues, ou suivant que celles qui ont été fournies depuis la faillite, sont ou non jugées suffisantes.

Dans le premier cas, le bailleur une fois payé de tous les loyers échus, ne peut exiger le paiement des loyers en cours ou à échoir; dans le second, le bailleur peut exercer le privilége comme en cas de résiliation; et en outre pour une année à échoir à partir de l'expiration de l'année courante; que le bail ait ou non date certaine.

Reprenons maintenant chacune de ces hypothèses.

Si les sûretés n'ont point été diminuées, les choses se passeront comme s'il n'y avait point de faillite. Les syndics exploiteront le fonds de commerce, ou bien sous-loueront, ou cèderont le bail, à la charge d'exécuter, au fur et à mesure des échéances, toutes les obligations résultant du droit ou de la convention. Cette faculté de céder le bail ou de sous-louer ne sera accordée aux syndics qu'autant qu'elle n'aurait pas été interdite par le contrat au preneur; car les ayant cause du preneur ne peuvent aller chercher dans la faillite un droit que celui-ci n'avait pas. Au surplus, cela résulte de la discussion; et l'alinéa 6 de l'article 550 confirme encore cette opinion, en n'accordant le droit de relocation aux créanciers que pour l'année à échoir, dans le cas où le bail interdit la sous-location, et que les sûretés viennent à être diminuées.

Dans tous les cas, qu'il y ait cession de bail ou exploitation par les syndics eux-mêmes, la loi ne veut pas que la *destination des lieux soit changée.* Mais quand la destination des lieux sera-t-elle changée? Il y aura là une question d'interprétation de la part des tribunaux; et la loi ne pouvait poser à cet égard des règles certaines. Il faudra, pour décider, consulter le titre même du bail, et voir si l'exploitation nouvelle serait préjudiciable au propriétaire. Si, par exemple, la convention s'expliquait clairement sur le mode de jouissance, il faudrait s'y conformer.

Quelquefois dans les baux, le bailleur, tout en accordant au preneur le droit de céder ou de sous-louer, se réserve d'agréer le cessionnaire ou le sous-locataire; dans ce cas, nous pensons que cette clause aboutit à une interdiction de sous-louer ou de céder, pour le cas où le propriétaire n'accepterait pas les sous-locataires que lui présenteraient les syndics.

La loi, dans l'art. 550, troisième alinéa, dit que

quand le bail n'est pas résilié, le bailleur doit être payé de tous les loyers échus. S'il en est ainsi, c'est qu'autrement le bailleur eut demandé la résiliation du bail, pour défaut de paiement. Mais, si le bail n'est pas résilié, parce que le propriétaire a laissé passer le temps que lui donne la loi pour demander la résiliation (art. 450, nouv. C. Com. L. du 19 février 1872), il sera créancier chirographaire, il sera payé des années échues, en monnaie de faillite.

En résumé, en cas de faillite, si le bail n'est pas résilié, et lorsque les sûretés sont maintenues, le propriétaire ne peut plus exiger le paiement anticipé des loyers à échoir ; mais le bail se continuera comme par le passé, dans les termes du contrat originaire. Voilà surtout où se montre l'intérêt de la loi nouvelle.

Si les sûretés sont diminuées, quand le bail n'aura pas été résilié, c'est-à-dire, s'il y a vente ou enlèvement des meubles garnissant les lieux loués ; le bailleur exercera son privilége, comme au cas de résiliation, de plus pour une année dans l'avenir ; que le bail ait ou non date certaine. La vente du mobilier peut être provoquée, soit par le propriétaire qui n'est pas payé des loyers à échéance, soit par les syndics qui veulent réaliser les marchandises du failli. Alors, sur le produit de la vente des meubles, son privilége s'exercera dans la limite que nous avons fixée.

Le propriétaire aura privilége pour une année dans l'avenir ; c'est-à-dire, une année après l'année courante. Mais les autres années, comment en sera-t-il payé ? Il en sera payé en monnaie de faillite ; il touchera un dividende comme les autres créanciers ; et sera payé par ce moyen. C'est la conséquence inévitable des principes. La dette du preneur, en effet, étant une dette à terme (et quant à ce qui est de la loi nouvelle, il ne peut y avoir de doute, le rapporteur s'étant clairement expliqué sur ce point), devient exigible en son entier par la faillite, lorsque les sûretés sont diminuées (1188, Cod. civ. et 444, Cod. com.). Le bailleur aura même intérêt à figurer dans la masse chirographaire, et à toucher un dividende, toutes les fois que son privilége sera insuffisant pour couvrir la partie de sa créance échue ou en cours, que la loi déclare privilégiée. Mais, hâtons-nous de le dire, l'hypothèse que nous supposons n'est point pratique assurément; car, jamais un propriétaire ne consentira à être payé à l'avance, des loyers à échoir, en monnaie de faillite. Mais enfin, les principes juridiques commandaient cette solution. Aussi le rapporteur engage-t-il le bailleur à demander la résiliation, si le failli concordataire ou ses représentants ne sont pas en mesure de remplir leurs engagements; et, dans le cas contraire, le bail continuera à recevoir son exécution. On rentrera ainsi purement et simplement dans le droit commun. Si le gage est insuffisant pour remplir le preneur de la créance privilégiée, il sera créancier chirographaire pour tout ce qui ne lui aura pas été payé par privilége; il produira à ce titre, à la faillite.

Pourquoi, quand le bail n'est pas résilié et que les sûretés sont diminuées, accorder au créancier privilége pour une année dans l'avenir? Quelques membres de la commission ont exprimé l'avis qu'il fallait, ou bien accorder une collocation privilégiée pour tous les loyers à échoir, ou n'en point accorder. « Ils donnaient pour raison que si la créance du bailleur est privilégiée par son essence, la logique ne permet pas de décider, qu'une partie sera privilégiée et que le surplus deviendra purement chirographaire. Ces considérations n'ont pas convaincu la commission. Tout en reconnaissant que le privilége est l'accessoire naturel de la créance du bailleur, elle a pensé qu'il fallait le réduire. Il ne faut pas, en effet, oublier que les marchandises sur lesquelles il doit s'exercer ont été livrées au failli par ceux-là même que le bailleur prétend primer ; et que le droit de la masse est en conflit direct avec celui du propriétaire. Quoi donc de plus naturel que de les limiter l'un par l'autre et d'imposer à tous des sacrifices réciproques ? » (Rapport de M. Delsol.) Aussi, est-ce pour atteindre ce but que la loi a limité le privilége à une année dans l'avenir.

Disons aussi que le privilége sera le même, que la créance ait ou non date certaine.

Il nous reste à parler du droit de relocation, lorsque le bail n'étant pas résilié, le locateur a privilége pour une année à échoir, par suite de la diminution des sûretés.

Les créanciers, lorsque le propriétaire aura touché des loyers par anticipation, pourront faire leur profit de la location, mais seulement pour le temps à raison duquel le bailleur aura touché ses loyers. Ce droit leur est accordé, alors même que le bail contiendrait interdiction de céder le bail ou de sous-louer ; parce que « en recevant par anticipation une partie de ses loyers, le bailleur a implicitement renoncé au bénéfice de l'interdiction, pour toute la période correspondante aux loyers par lui perçus. » Ce droit de relocation accordé aux créanciers est très-juste; car le bailleur ne peut avoir à la fois la jouissance et le loyer de sa chose.

La loi ajoute encore ici, que la destination des lieux ne devra pas être changée. Cette addition a eu lieu lors de la troisième lecture de la loi. Il faut appliquer ici tout ce que nous avons dit plus haut.

Si le locataire avait payé des loyers d'avance, le bailleur ne pourrait pas en cas de résiliation du bail, retenir ceux qui se reporteraient à une période pour laquelle il ne fournirait pas la jouissance. Il y aura donc un compte à faire, compte qui constituera le bailleur créancier, s'il n'a pas reçu tout ce que loi lui accorde; débiteur, s'il a trop reçu. Que si le bail n'est pas résilié, les choses resteront en état. Ces principes qui ne sont que l'application du droit commun, ont été formellement exposés dans le rapport supplémentaire de M. Delsol.

L'exercice du privilége, dans les limites que nous venons d'étudier en dernier lieu, suppose, nous l'avons dit, que les sûretés sont devenues insuffisantes, quand en sera-t-il ainsi? C'est au juge et non au législateur, disait le rapporteur de la loi, à régler toutes ces situations.

§ 3. *Dispositions transitoires.*

« La présente loi ne s'appliquera pas aux baux qui avant la promulgation, auront date certaine. » (art. 2) C'est une application de la non rétroactivité des lois.

Il résulte du texte par *a contrario*, qu'elle s'appliquera aux baux qui n'auront pas date certaine.

La loi ajoute : « Toutefois le propriétaire qui, en vertu des dits baux a privilége pour tout ce qui est échu, et pour tout ce qui est à échoir, ne pourra exiger par anticipation, les loyers à échoir, s'il lui est procuré des sûretés suffisantes, pour en garantir le paiement. »

Si elles ne sont pas suffisantes, la jurisprudence de la cour de cassation reprendra son empire, à moins que le propriétaire ne préfère résilier le bail.

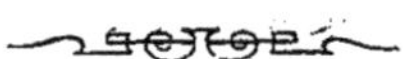

TABLE DES MATIÈRES

DROIT ROMAIN.

POSITIONS

—

DROIT ROMAIN.

I. Le bailleur d'un fonds rustique n'a point d'hypothèque tacite sur les objets introduits dans le fonds loué.

II. Les marchandises garnissant un magasin, sont soumises à l'hypothèque tacite du bailleur.

III. Il n'y a jamais eu d'interdit quasi Salvien, au profit de tout créancier hypothécaire.

IV. L'interdit Salvien s'exerçait contre les tiers détenteurs.

V. L'interdit Salvien n'avait trait qu'à la possession.

VI. Pour arriver à concilier les lois 2 *de Salviano interdicto*, et 10 *de pignoribus et hypothecis*, il faut corriger le texte de la loi 10 et subtituer le mot *Salviano* au mot *Serviano*. Cette correction peut être justifiée.

DROIT FRANÇAIS.

I. Le privilége existe, pour les avances faites par le locateur à son fermier, dans le cours du bail.

II. Au cas de bail sans date certaine, l'année qui suit l'année courante, est seule privilégiée.

III. En cas de tacite reconduction, le privilége doit être restreint, comme au cas de bail sans date certaine.

IV. Si malgré la clause qui interdit la sous-location, les créanciers veulent faire leur profit du restant du bail, ils doivent payer par avance, la totalité des loyers à échoir.

V. Les créanciers peuvent borner leur relocation, au temps correspondant aux loyers que le bailleur aura reçus par privilége, sur le prix des objets constituant son gage.

VI. Le bailleur ne peut s'opposer à l'enlèvement de certains meubles, lorsque les objets restant dans la maison, sont suffisants pour assurer l'entière exécution du bail.

VII. Les priviléges généraux de l'art. 2101, autres que les frais de justice et les frais funéraires, sont primés par le privilége du bailleur.

VIII. La créance du bailleur est une créance à terme.

DROIT CRIMINEL.

I. Le fait de s'approprier un objet perdu ne constitue pas un vol.

II. Dans le cas de l'art. 380 du Code pénal, ce n'est pas seulement la pénalité, c'est aussi la criminalité qui disparaît.

DROIT ADMINISTRATIF.

I. Le bailleur ne peut prétendre à un droit de préférence, sur l'indemnité accordée par le jury à son locataire, en cas d'expropriation pour cause d'utilité publique.

DROIT DES GENS.

I. La femme étrangère n'a pas comme la femme française, une hypothèque légale sur les immeubles situés en France, qui appartiennent à son mari.

II. Les tribunaux français, appelés à déclarer exécutoire un jugement rendu par un tribunal étranger, n'ont pas à reviser le fonds du procès.

HISTOIRE DU DROIT.

I. Au moyen âge, les personnes civiles n'avaient besoin d'aucune autorisation pour recueillir des libéralités.

II. Le droit d'amortissement avait une origine purement féodale.

Vu :
Le doyen de la Faculté,
G. Colmet d'Aage.

Vu par le président de la Thèse,
Ch. Giraud.

Vu et permis d'imprimer :
Le vice-recteur de l'Académie de Paris,
A. Mourier.

Langres, imp. Firmin Dangien.

ERRATA

—

Page 4, ligne 5, au lieu de : *dans les fonds;* lire : *dans le fonds.*

Page 4, ligne 15, au lieu de : *sans qu'il y eut de convention;* lire : *sans convention.*

Page 8, lignes 9 et 10, au lieu de : *ce pacte intervenant dans tous les contrats;* lire : *ce pacte intervenant, au sujet des fruits, dans tous les contrats.*

Page 15, ligne 5, au lieu de : *divensorium;* lire : *diversorium.*

Page 19, ligne 9, au lieu de : *manet*; lire : *manent.*

Page 27, note 2, au lieu de : *L. 1*; lire : *L. 18.*

Page 29, ligne 10, au lieu de : *pour la différence;* lire : *par la différence.*

Page 29, ligne 27, au lieu de : *n'en est point;* lire : *n'en était point.*

Page 39, ligne 3, au lieu de : *rang de préférence;* lire : *rang de préférence entre créanciers hypothécaires.*

Page 57, ligne 24, au lieu de : *sont censés exptoités;* lire : *sont censés exploiter.*

Page 61, ligne 8, au lieu de : *du défaut des textes;* lire : *du défaut de textes.*

Page 64, ligne 26, au lieu de : *explique lui-même;* lire : *s'explique lui-même.*

Page 69, ligne 6, au lieu de : *1869;* lire : *1669.*

Page 72, ligne 32, au lieu de : *qu'il eut fait;* lire : *qu'il ait fait.*

Page 75, lignes 22 et 23, au lieu de : *dénomination du bail;* lire : *dénomination de baux.*

Page 81, ligne 10, au lieu de : *se reposant*; lire : *reposant.*

Page 84, ligne 28, au lieu de : *Ainsi est-ce à tort;* lire : *Aussi est-ce à tort.*

Page 85, ligne 15, au lieu de : *1818 ;* lire : *1813.*

Page 86, ligne 20, au lieu de : *de saisie-gagerie ;* lire : *de la saisie-gagerie.*

Page 88, ligne 25, au lieu de : *ainsi, s'il est de bonne foi ; la revendication ;* lire : *ainsi, s'il est de bonne foi, la revendication.*

Page 89, ligne 16, au lieu de : *ferme ;* lire : *foire.*

Page 92, ligne 21, au lieu de : *irrégulièrement* ; lire : *régulièrement.*

Page 99, ligne 18, au lieu de : *2777 ;* lire : *2277.*

Page 102, à la note, au lieu de : *Fesset ;* lire : *Fenet.*

Page 106, ligne 28, au lieu de : *à s'éviter ;* lire : *on s'évitera.*

Page 109, ligne 7, au lieu de : *Olpin* ; lire : *Ulpien.*

Page 113, ligne 28, au lieu de : *immeubles* ; lire : *meubles.*

Page 147, ligne 30, au lieu de : *pas applicable ;* lire : *applicable.*

Page 148, ligne 18, au lieu de : *pour ;* lire : *par.*

Page 152, ligne 12, au lieu de : *aux ;* lire : *ou.*

www.ingramcontent.com/pod-product-compliance
Ingram Content Group UK Ltd.
Pitfield, Milton Keynes, MK11 3LW, UK
UKHW021049230726
13926UKWH00004B/1736